네 글자로
리드하는 사람은 말의 품격이 다르다!
리드하라

리드하는 사람은 말의 품격이 다르다!

네 글자로
리드하라

초판 인쇄 | 2012년 9월 7일
초판 1쇄 발행 | 2012년 9월 10일

지은이 | 김성주
펴낸이 | 김형호
책임 편집 | 전은실
펴낸곳 | 아름다운 날

주소 | (121-837) 서울시 마포구 서교동 351-10 동보빌딩 103호
전화 | 02)3142-8420
팩스 | 02)3143-4154
출판등록 | 1999년 11월 22일
전자우편 | arumbook@hanmail.net

ISBN 978-89-93876-27-7 (03320)

네 글자로

리드하는 사람은 말의 품격이 다르다!

리드하라

김성주 지음

아름다운날

안서 雁書

부족합니다

책을 쓰기 위해 다시 고전을 펼치고, 자료들을 조사하고, 내 안의 말을 고르며 정말 행복했습니다. 내가 느낀 행복을 모두 전하기에, 아직 나의 말은 너무도 부족합니다. 나의 경험 또한 너무도 부족합니다.

깨달았습니다

인생의 어떤 순간도 모두 고사성어로 표현될 수 있음을 새삼 깨달았습니다. 세상에 아름다운 말과 글들이 모두 책 속에 있었음을 새삼 깨달았습니다. 왜 많은 이들이 고전의 매력에 빠지고 마는지 새삼 깨달았습니다. 내가 사람을, 이 세상을 얼마나 사랑하는지 새삼 깨달았습니다.

사랑합니다

슬럼프에 힘들어 할 때 좋은 말들을 골라 알려주신 아버지, 마치 위성지도처럼 나의 위치를 비추고 내가 가야 할 길을 일러주시는 어머니, 지루한 일상의 깜짝상자가 되어 준 사랑하는 조카들.

고맙습니다

일상에서 내게 인간의 아름다움을 가르쳐 준 수많은 인터뷰이
(interviewee) 여러분,
책을 쓸 수 있도록 용기를 준 은실 언니, 무조건적인 신뢰를 보내
주신 출판사 분들,
이 책을 사기 위해 기꺼이 지갑을 열어주신 당신.

바랍니다

말발과 글발, 두 마리 토끼를 잡고자 하는 당신에게 고사성어가
부디 정답이 될 수 있기를.
선인들의 지혜를 통해 당신이 더욱 아름다운 삶을 살 수 있기를.

* 雁書: 기러기 안(雁) 글 서(書) 기러기가 먼 곳에 소식을 전한다, 즉 편지를 일컫는 말.

목차

제2장 거짓 술수 術 數

제3장 상황 状況

제4장 희망 希望

제5장 도전 挑 戰

제6장 사랑

제7장 의리 義理

지혜 : 명사
----
1. 사물의 이치를 빨리 깨닫고 사물을 정확하게 처리하는 정신적 능력.
2. 〈불교〉 제법(諸法)에 환하여 잃고 얻음과 옳고 그름을 가려내는 마음의 작용으로서. 미혹을 소멸하고
   보리(菩提)를 성취함. [비슷한 말] 지혜 바라밀.

의로운 신하 장강은 도처에 양익 형제를 탄핵하는 상소문을 올렸는데요.

문에 양익 형제의 미움을 사서, 장영이라는 인물이 이끄는 도적떼의 근거지인 장릉군의 태수로

나게 됩니다. 장강은 부임하자마자 혼자서 도적떼의 수령인 장영을 찾아가 귀순을

습니다.

의 간곡한 설득에 장영은 깊은 감명을 받고 울면서 말했습니다.

있는 이들은 모두 벼슬아치들의 가혹한 처사 때문에 도적이 되었습니다.

은 이렇게 목숨을 부지하지만, 마치 솥 안의 물고기가 아무 생각 없이 헤엄치는 것처럼
오래 갈 수는 없겠지요.”

하여 장영을 비롯한 만 여 명의 도적들이 모두 항복했고, 장강은 그들에게 큰 잔치를 베풀어 준 뒤

방면해 주었습니다.

01
지혜 智 慧

말빨, 글빨로 한 방~!
寸鐵殺人 촌 철 살 인

미국 대통령 오바마는 말 잘하기로 손꼽힙니다. 그가 대통령으로 당선된 이후부터 언론은 물론이고, 20~30대 비즈니스맨들 사이에서는 이른바 '오바마 식 화법'에 주목하는 이들이 많았습니다. '오바마 식 화법'의 특징은 짧은 한 마디로 많은 상황을 정리한다는 점입니다.

그 좋은 예가 2008년, 민주당 미국대통령 후보 수락 연설인데요, 오바마 당시 민주당 대통령 후보는 "8년이면 충분하다 Eight is enough"는 말을 슬로건처럼 내걸었습니다. 이는 8년 여에 걸친 공화당 정부의 무능을 지적하고, 그보다 더 나은 정책을 펼칠 수 있다는 자신감을 표현한 말입니다. 구구절절 공화당 정부의 실책을 비난하는 것보다 훨씬 더 강력한 효과를 자랑한, 오바마 식 화법의 좋은 예라 할 수 있습니다.

촌철살인 : 마디 촌寸 쇠 철鐵 죽일 살殺 사람 인人
단 한 치밖에 되지 않는 쇠로 사람을 죽인다

대화를 할 때나 글을 쓸 때 많은 말이나 글을 쓰지 않고, 간단한 한 마디 말과 글로써 상대방의 급소를 찔러 당황하게 만들거나 감동시키는 경우를 일컫는 말입니다.

Story of 촌철살인

송나라 때, 종고선사라는 인물이 선禪에 대해 다음과 같이 이야기했습니다. "어떤 사람이 무기를 한 수레 가득 싣고 왔다고 해서 살인을 할 수 있는 것은 아니다. 나는 한 치밖에 안 되는 쇠만 있어도 사람을 죽일 수 있다." 여기서의 '살인'이란 물론 무기로 사람을 죽이는 의미가 아닙니다. 기를 죽인다는 뜻으로 해석될 수 있는데요, 굳이 무기로 사람을 해하는 게 아니라 한 마디 말과 한 마디 글로써 그 사람을 굴복시킬 수 있다는 의미입니다.

출전_ 학림옥로鶴林玉露

실생활에서는 이렇게 쓰인다

MBC 주말 뉴스데스크, 최일구 뉴스 앵커의 촌철살인寸鐵殺人식 유머는 시청자들로부터 많은 찬사를 받고 있다.

 Follower를 부르는 140자

고사성어가 매력 있는 까닭은 짧은 한 마디로 복잡한 전체 상황을 응축해 표현할 수 있기 때문입니다. 그리고 이런 고사성어의 특징을 잘 보여주는 고사성어가 바로 '촌철살인'이죠. 한 마디 말로 좌중을 압도하고 나의 뜻을 전할 수 있다면, 그보다 멋진 말이 어디 있겠습니까?

거울은 언제나 눈앞에 있다
殷鑑不遠 _{은 감 불 원}

실패는 많은 것을 보여줍니다. 나의 무능함과 나의 부조리함과 나의 경솔함과 나의 부족함을 보여줍니다. 하지만 다른 이의 실패에서는 더 많은 것을 배울 수 있습니다.

상황을 판단하는 법과 경계해야 하는 것, 인연과 선택이 낳는 결과 등을 함께 배웁니다.

학교에서 배우지 못하는 지혜를 이미 수십 년 전, 수백 년 전, 수천 년 전에 살다간 선인들을 통해 생생하게 배울 수 있습니다. 동화『파랑새』속의 치르치르가 결국 자신의 집에서 보물을 찾아내듯, 나는 오늘 고전 속에서 값진 교훈을 얻습니다.

은감불원 : 은나라 은殷 거울 감鑑 아닐 불不 멀 원遠
은나라 왕의 거울은 먼 데 있지 않다

본보기로 삼을만한 좋은 선례는 가까이에 있는 법이니, 남의 실패를 자신의 거울로 삼으라는 말입니다.

Story of 은감불원

하나라의 걸왕이 사치와 향락에 빠져 나라가 멸망한 후 새로운 나라를 세운 사람이 바로 은나라의 탕왕입니다. 하지만 그로부터 600년 후 은나라의 주왕은 하나라 걸왕의 전철을 그대로 밟습니다. 미색에 빠져 나라를 돌보지 아니하고, 사치와 향락에 빠져 사느라 폭정을 저질렀지요. 이에 중신 중 한 명인 서백이 주왕에게 "은나라의 왕이 거울삼을 만한 것은 먼 데 있지 않습니다. 600년 전, 하왕조의 걸왕을 거울삼아 멸망의 전철을 밟지 마소서" 라며 간했지만, 주왕은 듣지 않았습니다. 결국 은나라는 이후 주나라 무왕에게 멸망당하고 말죠.

출전_시경詩經

실생활에서는 이렇게 쓰인다

중국의 고속철도 사건을 은감불원殷鑑不遠으로 삼아 우리나라도 고통안전대책에 좀 더 신경 써야 하지 않을까?

 Follower를 부르는 140자

어린 시절 고리타분하다고 여겼던 어른들의 충고들이, 또는 잘난 척 입에 바른 말이라고 경멸했던 선배들의 충고들이 이제는 절절이 가슴에 와 닿습니다. 어른들도 선배들도 살면서 알게 된 깨달음을 나눠주려 애썼다는 것을. 그래서 나도 이제는 내가 경멸했던 선배들처럼 자꾸만 잔소리가 늘어납니다.

나, 개구리
井中之蛙 _{정 중 지 와}

초등학교 시절 나는 유난히 총명한 아이였습니다. 어른들도 어려워하는 책을 척척 읽었고, 공부하지 않아도 남들보다 좋은 성적을 받기 일쑤였습니다. 중고등학교 시절 나는 그럭저럭 똑똑한 학생이었습니다. 별다른 노력 없이도 성적은 잘 나왔고, 선생님들께도 예쁨 받는 모범생이었습니다.

대학교 시절 나는 평범한 학생이었습니다. 노력한 만큼 성적도 받았고, 이렇다 할 빛나는 아이디어나 총기는 없었지만 그다지 둔하지는 않다는 이야기를 들을 정도로 센스도 있었습니다.

사회에 진출한 후 나는 그제야 내가 우물 안 개구리였음을 깨달았습니다. 잘나고 잘난 사람들이 하늘을 날고 있을 때, 나 혼자 우물의 벽에 둘러싸여 있었음을 절실히 깨달았습니다. 그래서 오늘도 나는 폴짝, 폴짝, 아직도 높은 우물 벽을 향해 뛰어오릅니다.

정중지와 : 우물 정井 가운데 중中 갈 지之 개구리 와蛙
우물 안 개구리

우물 안 개구리에게는 좁은 우물만이 세상의 전부입니다. 그래서 우물 밖에 더 크고 넓은 세상이 있음을 알지 못하죠. 이처럼 견문이 좁아서 넓은 세상의 사정을 모름을 의미합니다.

Story of 정중지와

황하의 신神인 하백이 처음으로 바다에 나와, 그 끝없는 넓음에 놀라 감탄의 한숨을 쉬었습니다. 그러자 북해北海의 신인 약若이 이렇게 말했습니다.

"우물 안에서 살고 있는 개구리에게 바다를 이야기해도 알지 못하는 것은 그들이 좁은 장소에서 살고 있기 때문이요. 여름 벌레에게 얼음을 말해도 알지 못하는 것은 그들이 여름만을 굳게 믿고 있기 때문이었소. 이제 당신이 좁은 개울에서 나와 큰 바다를 보고 자신의 추함을 알았기 때문에 함께 큰 진리에 대해 말할 수 있을 것이오."

출전_장자莊子

실생활에서는 이렇게 쓰인다

인터넷 상에서 아이디를 도용당하고, 사기를 당하는 등 각종 피해를 입는 이들이 늘어나고 있습니다. 날이 갈수록 인터넷 범죄는 기승을 부리는데, 수사도 지지부진하고 제도적인 면에서도 정중지와井中之蛙를 벗어나지 못하는 현실이 못내 안타깝습니다.

 ## Follower를 부르는 140자

우물 안 개구리에게 보이는 세상이란 둥근 하늘밖에 없습니다. 하늘을 보며 개구리는 과연 어떤 세상을 꿈꿨을까요? 넓은 세상에 나와 세찬 비바람을 맞은 후 좁지만 안락했던 우물 안을 그리워하게 되지는 않을까요? 아니면 그래도 더 넓은 하늘을 보게 해 준 이 세상에 만족했을까요.

더 큰 세상을 보는 눈
居安思危 ^{거 안 사 위}

예언가가 아니라면, 미래를 보는 눈을 가진 사람은 아무도 없습니다. 미래는 누구에게나 불확실한 것이죠.

동화에서처럼 위기가 끝났다고 해서 영원히 행복하게 잘 산다고는 아무도 확언할 수 없습니다. 위기가 끝난 뒤에 더 큰 위기가 올지도 모르니까요.

그럼에도 불구하고 대부분의 사람들은 당장의 위기를 넘기면 한숨을 놓게 됩니다. 그리고 쉽게 방심하곤 합니다. 하지만 언제 다시 위기가 뒤통수를 후려칠지 아무도 모릅니다.

그러기에 선인들은 불확실한 미래를 위해 철저히 대비해야 한다고 충고하셨나 봅니다.

거안사위 : 살 거居 편안 안安 생각 사思 위태할 위危
평안할 때 위태로움을 생각하라

평상시에도 위험과 곤란이 닥쳐올 것을 염려하고 미리 대비해야 한다는 뜻입니다.

20

Story of 거안사위

춘추전국시대 정나라가 초나라의 침략을 받았습니다. 당시 초강대국이던 진晉나라를 포함해 12개국이 동맹을 맺어 정나라를 도와 승리했습니다. 이에 정나라는 진나라에 은혜를 갚기 위해 수많은 공물과 악사, 미인 등을 바쳤는데요. 진나라 왕 도공悼公은 사례품의 절반을 싸움에서 큰 공을 세운 충신 위강에게 주면서 공을 치하했습니다. 그러자 위강이 공물을 사양하며 왕에게 말했습니다. "폐하, 생활이 편안하면 위험을 생각하고, 생각했으면 준비를 갖춰야 화를 면할 수 있음을 알아주시옵소서." 훗날 있을 위험을 대비하여 물자를 아끼고 경계하는 것이 좋다는 내용입니다.

출전_춘추좌씨전春秋左氏傳

실생활에서는 이렇게 쓰인다

"거안사위居安思危의 정신을 통해 일등기업에 걸맞은 브랜드 가치를 육성하자."
-허영인 SPC회장, 2010년 창립64주년 신년사 중에서

Follower를 부르는 140자

세계적인 경제 불황에 벌써부터 개미 투자자들의 한숨이 줄을 잇습니다. 다행히 평소에 국제뉴스를 통해 국제 경제 현황을 꾸준히 살펴온 몇몇 투자가들은 위기를 면할 수 있었습니다. 평소에도 위기를 대비하는 거안사위의 혜안 덕분이죠.

물고기 제 살 익는 줄 모른다

釜中之魚 _{부 중 지 어}

1986년부터 1991년까지 일본의 경제는 사상 유례 없는 호황기였습니다. 은행들은 저금리로 돈을 빌려주었고, 사람들은 대출금으로 고급맨션, 빌딩을 사들이기 시작했습니다. 유흥가에서는 신흥부자들이 수천, 수억의 술값을 뿌려댔고 거리엔 돈이 지천으로 넘쳐났습니다. 사람들은 경제 호황이 평생 계속될 줄 알고 마음껏 돈을 써댔습니다. 하지만 사정은 곧 변했습니다. 경기불황이 세계를 덮친 여파로 일본 정부는 은행에 '부동산 관련 융자 금지'를 권고했고, 이에 초저금리로 융자를 하던 은행들이 너도나도 '현금회수'에 나섰습니다. 은행에 갚아야 할 돈을 마련하지 못한 개인이나 기업들은 부동산을 매물로 내놓지만 살 사람이 없었습니다. 결국 부동산 가격은 폭락했고, 은행 융자를 갚지 못한 기업들의 도산이 줄을 이었습니다. 영원히 호황을 구가할 것만 같던 일본의 버블경제는 몰락했고, 사치와 향락을 일삼았던 사람들은 수백, 수천억의 빚을 진 신용불량자가 되어 거리에 나앉게 되었습니다.

부중지어 : 솥 부釜 가운데 중中 어조사 지之 물고기 어魚
솥 안의 물고기

곧 삶아질 운명인 것도 모르고 솥 안에서 헤엄치는 물고기라는 뜻으로, 곧 닥칠 위험도 모른 채 쾌락에 빠져 있는 사람을 빗댄 말입니다.

Story of 부중지어

후한 말, 황제의 외척인 양익 형제는 나라의 권력을 손안에 넣고 멋대로 휘둘렀습니다. 이에 의로운 신하 장강은 도처에 양익 형제를 탄핵하는 상소문을 올렸는데요, 이 때문에 양익 형제의 미움을 사서, 장영이라는 인물이 이끄는 도적떼의 근거지인 광릉군의 태수로 쫓겨나게 됩니다. 장강은 부임하자마자 혼자서 도적떼의 수령인 장영을 찾아가 귀순을 권했습니다. 장강의 간곡한 설득에 장영은 깊은 감명을 받고 울면서 말했습니다.

"여기 있는 이들은 모두 벼슬아치들의 가혹한 처사 때문에 도적이 되었습니다. 지금은 이렇게 목숨을 부지하지만, 마치 솥 안의 물고기가 아무 생각 없이 헤엄치는 것처럼 결코 오래 갈 수는 없겠지요." 그리하여 장영을 비롯한 만 여 명의 도적들이 모두 항복했고, 장강은 그들에게 큰 잔치를 베풀어 준 뒤 모두 방면해 주었습니다.

출전_자치통감資治通鑑

실생활에서는 이렇게 쓰인다

민중이 압제에 항거하여 물밑에서 혁명의 뜻을 모으고 있을 때, 독재자는 부중지어釜中之魚인지도 모르고 여전히 향락에만 빠져 있었다.

 ## Follower를 부르는 140자

모든 사람에게는 저각각 안테나가 숨어 있다고 한다. 위험이 다가올 때나 뜻밖의 고난이 다가올 때 안테나는 미묘한 신호를 보내 주의를 준다. 위험 신호를 미리 알아채고 대책을 세운다면 고난을 피할 수 있다.

백 번 잘하면 뭐해
千慮一失 천 려 일 실

애플이 처음 삼성 스마트폰이 자사 스마트폰의 디자인을 침해했다며 고소했을 때만 해도 관련 업계에서는 '애플의 실수'라는 의견이 지배적이었습니다. 스마트폰이나 관련 업계의 핵심 기술 특허를 쥔 삼성이 역공하리라는 것은 눈에 보듯 뻔한 사실이었으니까요. 결국 예상대로 삼성 역시 특허권 침해 소송으로 맞불을 놓았고, 두 회사는 세계 곳곳에서 서로 판매금지 관련 소송을 벌이며 전 세계인들의 관심을 모으고 있습니다. 이 세기의 소송들이 결국은 두 회사 간의 물밑 협상을 이끌어내기 위한 쇼가 아니냐는 지적들도 있는데요, 계속되는 소송들이 결국 애플과 삼성의 뼈아픈 실수로 남을지, 아니면 무서운 경쟁자를 물리치고 업계를 선도할 수 있는 현명한 판단이 될지는 좀 더 많은 시간이 흘러봐야 알 수 있을 것 같습니다.

천 려 일 실 : 일천 천千 생각할 려慮 한 일一 잃을 실失
천가지 생각 가운데 한 가지 실책

아무리 지혜로운 사람이라도 많은 생각을 하다 보면 하나쯤은 실책이 있을 수 있다는 말입니다.

Story of 천려일실

한나라 때, 한신은 대군을 이끌고 조나라를 침공합니다. 결전을 앞두고 한신은 "적장 이좌거를 사로잡는 이에게는 천금을 주겠노라"그 천명합니다. 이후 전쟁의 승리는 한신어 게 돌아갔고, 이좌거는 포로가 되어 한신 앞에 끌려 나왔습니다. 한신은 그런 이좌거를 극진히 대접하고 주연을 베풀어 심기를 달래주려 했습니다. 그리고 물었죠. "연나라, 제나라에 대한 공략책은 어떤 것이 좋을지요." 하지만 이좌거는 "패장은 병법을 논하지 않는 법"이라며 아무 말도 하지 않았습니다. 다시 한신이 정중히 청하자 이좌거가 답했습니다. "지혜로운 사람이라도 많은 생각을 하다보면 반드시 하나쯤은 실책이 있고, 어리석은 이라도 많은 생각을 하다보면 반드시 하나쯤은 득책이 있다고 했습니다. 만약 이 몸의 생각 가운데 하나라도 득책이 있으면 다행이 아닐까 합니다."

그 후 이좌거는 한신의 참모가 되어 크게 공헌했다고 합니다.

출전_사기史記

실생활에서는 이렇게 쓰인다

혹시 서류에 뜻하지 않은 실수가 있더라도 부디 천려일실千慮一失 이라고 이해해주시길 바랍니다.

Follower를 부르는 140자

어쩌다 한 번 있는 실수라면 누구나 쉽게 이해해주고 용서해줄 수 있습니다. 하지만 제아무리 줄난 사람이라도 실수를 반복하면 그 능력에 대해 의심을 받을 수밖에 없습니다. '실수 하나쯤이야'라는 안이한 방심이 다음 실수를 낳지 않도록 조심하자고요!

비교불가

白眉 ^{백 미}

『삼국지』는 읽으면 읽을수록 매번 다른 깨달음을 주는 책입니다. 많은 고사성어들이『삼국지』로부터 탄생한 까닭도 알고보면『삼국지』가 인간 군상에 대해 그만큼 다양한 그림을 보여주고 있기 때문이라고 할 것입니다. 전쟁이나 승부의 세계에서 살아남는 법만이 아니라 천태만상의 역경에 처한 사람들, 삶과 죽음의 장렬한 드라마를 눈앞에 그리며 읽다보면 선택의 기로에 선 당신 앞에 눈 밝은 네비게이션이 쫘악 펼쳐지는 느낌일 것입니다. 그래서 누군가 인문고전과 역사서 중 딱 한 권의 책만을 선택하라 말한다면 단연『삼국지』를 강추하겠습니다.

백미 : 흰 白 눈썹 미 眉

흰 눈썹

형제 중에서 가장 뛰어난 사람이나 무리 중에서 가장 뛰어난 사람, 물건, 상황 등을 가리키는 말입니다.

Story of 백미

유비는 적벽대전 후 여러 땅들을 얻고, 군신들을 모아서 앞으로의 계책에 대해 물었습니다. 이때 이적이라는 신하가 이르기를 "새로 얻은 땅을 오래 지키려면, 먼저 어진 선비를 구해야 할 것입니다"라고 했습니다. 유비가 이적에게 '어진 선비'의 요건에 대해 묻자 이적이 답했습니다. "형양이라는 곳의 마씨 집 다섯 형제들은 모두 재능이 출중하다 합니다. 그 중에서 가장 뛰어난 이가 눈썹 사이에 흰 털이 난 '마량馬良'이라고 합니다. 인근 향리에서도 이르기를 '마씨 집 오상五常이 모두 뛰어나지만 그 중에서도 백미가 있는 마량이 제일 뛰어나다'고 하니 그를 청하시면 어떠시온지요?" 이에 유비가 즉시 마량을 불러들였고 이때부터 '백미'는 여럿 중에서 가장 뛰어난 사람이나 사물을 가리키는 말로 사용되었다고 합니다.

출전_삼국지三國志

실생활에서는 이렇게 쓰인다

그 드라마의 백미 白眉는 여자 주인공이 남자 주인공의 배신에 울브짖으며 가슴을 쥐어뜯던 장면이 아닐까?

 ## Follower를 부르는 140자

삼천포 여행의 백미는 유람선을 타고 삼천포대교와 인근 섬들을 둘러보는 것 아닐까요?

빛좋은 개살구
道傍苦李 <small>도 방 고 리</small>

"큰 돈 벌 기회야. 완전 눈 먼 돈이라니까? 너에게만 가르쳐줄게"
누구나 한 번씩 듣게 되는 솔깃한 유혹입니다. 한다하는 사람들
중에도 이 말에 속아 큰 돈을 잃은 사람들이 많습니다. 하지만 생
각해보면 참 이상하지 않나요? 그렇게 쉽게 돈을 벌 수 있는 비법
을 뭐하러 남에게 가르쳐 줄까요? 자기 혼자만 잘 벌어서 호의호
식하면 되지, 뭐 얼마나 대단한 우정이라고, 뭐 얼마나 대단한 선
심이라고 그걸 떠벌리고 다니겠습니까.

많은 이들의 눈앞에 뻔히 보이는데 아무도 안 주워가는 눈 먼 돈
이 있다면, 그건 검은 돈이거나 나를 눈멀게 해 더 큰 돈을 뺏기
위한 미끼일 게 뻔하겠죠.

도방고리 : 길 도道 곁 방傍 쓸 고苦 오얏 리李
길가에 있는 오얏은 쓰다

원래는 남에게 버림받음을 의미하는 말로, 많은 사람이 무시하는 것
은 그럴만한 이유가 있다는 뜻으로 자주 쓰입니다.

Story of 도방고리

현명하기로 이름났던 죽림칠현 중의 한 사람인 왕융이 어렸을 때, 아이들과 길을 가던 중 길 옆에 가지가 휠 정도로 많은 열매를 주렁주렁 매달고 있는 오얏나무 한 그루가 서 있는 걸 보았습니다. 이에 아이들은 저마다 달려가 나무의 열매를 따려고 했는데요, 오직 왕융만이 꿈쩍도 하지 않았습니다. 이에 지나가는 이가 물었죠. "얘, 넌 왜 열매를 따러 안 가니?" 그러자 왕융이 답했습니다. "길가에 있는데 아직 저렇게 열매가 많이 매달려 있는 건, 틀림없이 써서 먹지 못할 열매이기 때문이 아니겠습니까?" 아이들이 열매를 따 먹어보니 과연 그 맛이 써서 먹을 수 없는 것이었습니다.

출전_ 세설신어 世說新語

실생활에서는 이렇게 쓰인다

도방고리 道傍苦李 라고, 사람들이 모두 반대하는 것은 다 그만한 이유가 있어서다.

Follower를 부르는 140자

어머니는 말씀하시죠. 너한테까지 순서가 돌아올 눈먼 돈은 없다고. 분수에 맞지 않은 욕심을 부르게 되면 사기에 걸리기 쉽다면서. 현실에 두 발을 딱 붙이고 내 힘만큼 걸어가 내 손에 닿는 만큼 가질 수 있는 게 진짜 기회라고요. 세상의 모든 어머니는 철학자이신가 봐요.

삐딱이
反骨 _{반 골}

질서에 순응하는 사람과 질서에 반하는 사람, 누가 봐도 선과 악의 구분은 분명합니다.

하지만 그 질서가 강제된 것, 즉 애당초 사람들을 의도된 계획에 의해 재단하기 위해 만들어진 질서라면, 그 질서에 반하는 사람이 선인인지 악인인지 구분하기 어렵습니다. 기준을 어디에 두느냐에 따라 삐딱이는 위험한 반역자일 수도, 그저 그런 투덜이일 수도, 위대한 혁명가일 수도 있으니까요.

반골 : 돌이킬 반反 뼈 골骨
뼈가 거꾸로 되어 있다

쉽게 사람을 따르지 않는 기질을 가진 사람을 지칭하는 말로, 권력이나 권위에 순순히 따르지 않고 거스르고 버티는 사람을 일컫는 말입니다.

Story of 반골

삼국시대 촉나라에 위연이라는 장수가 있었습니다. 그는 용맹한 호걸이었지만 자기 재주를 과신하고 타인을 무시하는 단점이 있었죠. 그런 단점에도 불구하고 유비는 그의 장수로서의 능력을 믿고 중요한 직책을 맡기며 그를 신임했습니다. 하지만 제갈공명은 그의 목덜미에 뼈가 거꾸로 솟아 있는 것을 보고 그가 언젠가 모반할 것을 짐작했습니다.

그러던 어느 날 위연은 머리에 뿔 두 개가 거꾸로 난 꿈을 꾸고, 그 꿈이 자신을 왕으로 이끌 것이란 믿음에 모반을 계획했습니다. 하지만 제갈공명이 진작부터 위연의 모반을 예상하고 심어둔 부하에 의해 결국 죽음을 당하고 맙니다.

출전_삼국지 三國志

실생활에서는 이렇게 쓰인다

예술가들은 일반인들에 비해 반골反骨 기질이 높다는 연구결과가 발표되었다.

Follower를 부르는 140자

규격에 꽉 막혀 살다보면 숨이 턱 막힙니다. 남의 눈치 보지 않고 삐딱이로 살고픈 꿈도 있습니다. 하지만, 용기가 없어 그저 다른 사람의 발자국을 따라 갑니다. 안전표시, 우회표시, 멈춤표시에 딱 맞춰 살아갑니다.

삼밭의 쑥
麻中之蓬 마 중 지 봉

사람은 얼마나 주변에 영향을 받기 쉬운 존재인가요?

그저 다른 이의 눈물을 보는 것만으로 허락한 적도 없는 눈물이 울컥 치솟고, 영하로 꽁꽁 냉동시킨 이성도 하잘것없는 주변의 도발에 쉽게 폭발하고 맙니다.

정다운 이와 어울려 시를 논할 때면 머릿속엔 꽃이 피지만, 주정뱅이와 어울려 웃고 즐길 땐 내 안의 어릿광대가 부끄러운 줄도 모르고 막춤을 춰댑니다.

과연 나는 선인입니까, 악인입니까?

마중지봉 : 삼 마麻 가운데 중中 어조사 지之 쑥 봉蓬

삼밭 가운데 쑥

구부러지기 쉬운 쑥도 삼밭에 나면 꼿꼿하게 자란다는 뜻으로, 사람도 주위 환경에 따라 좋게도 나쁘게도 될 수 있다는 의미입니다.

Story of 마중지봉

고대 중국의 전국시대 말기의 유가 사상가인 순자는 사람의 본성은 착하다는 맹자의 성선설에 반대하여, 악한 본성을 예禮를 통해 변화시켜 선하게 만들어야 한다는 성악설을 주장한 학자입니다. 순자는 자신의 이름을 딴『순자荀子』라는 책을 저술하였는데요, 이 책에는 다음과 같은 이야기가 있습니다.

"서쪽 지방에 사간射干이라는 이름의 나무가 있다. 줄기는 네 치 길이밖에 되지 않지만 높은 산꼭대기에서 자라기 때문에 능히 백 길의 깊은 연못을 내려다본다. 나무줄기가 길어서가 아니라 서 있는 자리가 높기 때문이다. 쑥이 삼밭에서 자라면 곧게 자라고, 흰 모래가 진흙 속에 있으면 검어지게 마련이다. 이런 까닭에 군자는 거처를 정할 때 반드시 마을을 가리고, 곧은 선비와 어울려야 한다."

출전_순자荀子

실생활에서는 이렇게 쓰인다

마중지봉麻中之蓬이라는 말처럼, 똑같은 부모 밑에서 자란 형제라 하더라도 어떤 친구들과 어울렸느냐에 따라 전혀 다른 인격을 가진 사람이 됩니다.

 Follower를 부르는 140자

좋은 환경에서 좋은 사람들과 어울려 살 수 있다면 얼마나 좋을까요. 하지만 누구나 그런 축복받은 환경을 누릴 수는 없습니다. 그래서 저는 도서관에 갑니다. 좋은 양서들을 나의 환경으로 삼고, 책 속의 선인들을 나의 지인으로 삼을 수 있는 최적의 환경이니까요.

생살을 자르는 아픔
大義滅親 _{대의멸친}

소설과 연극 등에 자주 '살부계'에 대한 이야기가 등장합니다.
'살부계'는 일제시대, 친일파의 자식들이 모여 만든 계로, 이름하
여 아버지를 죽이는 모임입니다. 역적을 없애야 한다는 대의에는
동감하지만, 차마 자기 손으로 아비를 해칠 수는 없었던 친일파
의 자식들이 서로가 서로의 아비를 대신 죽여주기로 뜻을 모은 건
데요. 가끔 내가 친일파의 자식이었다면 어찌 했을까 상상해 보면
끔찍하기만 합니다. 대의를 위해서라고 하나 내게 피와 살을 물려
주신 아버지를 죽여야 하는 그 마음이 얼마나 참혹했을까요?

대의멸친 : 클 대**大** 옳을 의**義** 멸할 멸**滅** 육친 친**親**
큰 뜻을 위해 육친을 멸한다

국가나 사회의 큰 뜻를 위해서는 부모 형제와 같은 친족이라도 죽인
다는 말로, 큰 뜻을 위한 일에 사사로운 정은 끊어야 한다는 의미로
쓰이는 말입니다.

Story of 대의멸친

춘추시대, 위나라 환공의 이복형제인 공자公子 주우州吁는 환공을 시해하고 스스로 주군의 자리에 올랐습니다. 그와 신하 중에는 선대부터 충신으로 이름이 높았던 '석작'의 아들 석후도 있었는데요, 사실 석작은 진작부터 주우의 역심을 눈치 채고 아들더러 그와 어울리지 말라고 충고하곤 했었습니다. 하지만 아들은 그 말을 듣지 않고 주우의 반역에 함께 가담했답니다. 그런데 정작 반역은 성공했지만 민심은 물론 귀족들까지도 냉담한 반응을 보이자 석후는 석작에게 좋은 해결책을 구했습니다. 그러자 석작이 대답했죠. "진나라의 진공에게 가서 도움을 달라고 청원한 후, 천자를 뵙고 주군으로서의 승인을 받는 게 좋을 것이다." 이에 주우와 석후는 진나라로 길을 떠났는데요, 이들이 떠나자마자 석작은 진공에게 "우리 주군을 시해한 주우와 석후를 잡아 죽여 대의를 바로잡아 주소서"라는 밀서를 보냅니다. 결국 석작의 밀서를 받은 진나라는 주우와 석후를 잡아 가둔 다음 위나라의 입회관이 지켜보는 가운데 둘의 목숨을 빼앗았다고 합니다.

출전_춘추좌씨전 春秋左氏傳

실생활에서는 이렇게 쓰인다

"우리나라가 진정한 선진일류국가로 진입하기 위해서는 의병들이 보여준 나라 사랑과 대의멸친大義滅親 정신이 절실하다"
–김황식 국무총리 2011년 6월, 제1회 호국의병의 날 기념식 기념사 중에서

Follower를 부르는 140자

'대의멸친'이라는 그럴듯한 이름만 내세우고, 정작 자기 친인척 관리를 못하는 대통령들이 많습니다. 한 사람의 개인이 아닌, 국가의 수장으로서 단호하게, 날카로운 칼날로 친인척 비리를 경계해야 하지 않을까요?

싹을 없애다
拔本塞源 _{발 본 색 원}

"너 들었어? 그 영화, 진짜 재밌대. 보러 가지 않을래?"
"뭐 하러 돈 쓰고 시간 쓰면서 영화관까지 가. 좀 있으면 인터넷에
파일이 쫙 풀릴 텐데. 그때까지 조금만 참아."

저작권 침해 범죄를 없애기 위해 정부에서는 고심을 거듭하고 있
습니다. 그 일환으로 전문적으로 돈을 받고 저작권 침해 자료들
을 다량으로 업로드하는 헤비로더들을 적발하고 있습니다. 하지
만 정부가 저작권 침해를 막으려고 정말로 생각한다면 헤비로더
가 아니라 헤비로더가 활동하는 사이트를 먼저 단속해야 하지 않
을까요? 아무리 헤비로더들을 단속해도 그들이 활동할 수 있고,
돈을 벌 수 있는 구조가 여전히 존재하는 이상 다른 헤비로더들이
계속 등장할 테니까요.

발본색원 : 뽑을 발拔 근본 본本 막힐 색塞 근원 원源
근본을 뽑아 원천을 막아버린다

폐단을 없애기 위해 원인이 되는 것을 그 뿌리째 뽑아버리는 것을
이르는 말입니다.

Story of 발본색원

춘추시대, 주나라 왕이 말하기를 "나에게 백부(伯父)가 계심은 마치 의복에 갓을 갖춘 것과 같고, 나두에 뿌리, 물에 수원이 있는 것과 같으며, 백성들에게 지혜로운 임금이 있는 것과 같다. 만약 백부께서 갓을 찢고, 뿌리를 뽑으며, 근원을 막고, 지혜로움을 버린다면 비록 오랑캐라 할지라도 어찌 한 사람이라도 남아 있겠는가?

출전_춘추좌씨전 春秋左氏傳

실생활에서는 이렇게 쓰인다

축구계에서 승부조작과 금품수수가 근절되어야 한다. 그러기 위해서는 배후세력을 발본색원 拔本塞源해야 한다.

 Follower를 부르는 140자

범죄의 뿌리를 뽑듯 적극적으로 뿌리뽑아야 할 것이 또 하나 있습니다. 미련이라는 이름의 어리석음입니다. 사랑했던 기억과 좋고 싫었던 순간까지 썩은 뿌리를 도려내듯 싹둑 잘라내어 새로운 사랑의 씨앗이 싹을 틔울 수 있는 공간을 마련하고 싶습니다.

외양간을 고쳐야 할 이유
亡羊補牢 ^{망 양 보 뢰}

소 잃고 외양간 고친다.

우리나라 사람들이라면 모두 아는 속담이죠. 어떤 일을 당한 뒤 뒤늦게 후회해봐야 소용이 없다는 뜻입니다. 하지만 계속 소를 키울 요량이라면, 소를 잃고 난 뒤라도 외양간을 당연히 고쳐야 하지 않나요? 고치지 않은 채 다른 소를 그 안에 넣어 키울 수는 없으니까요.

단 한 번의 실수가 때로는 모든 것을 망쳐버릴 때도 있습니다. 하지만 그 실수로부터 배우고, 같은 실수를 다시 반복하지 않는다면 적어도 상황이 더 나빠지지는 않을 것입니다.

망양보뢰 : 달아날 망亡 양 양羊 도울 보補 우리 뢰牢

양 잃고 우리를 고친다

일을 실패한 뒤 재빨리 수습하면 그래도 늦지는 않다는 뜻을 갖고 있습니다.

Story of 망양보뢰

전국시대 초나라에 장신이라고 하는 대신이 있었는데, 하루는 양왕에게 "대왕이 가까이 하시는 음탕하고 방종한 간신들을 멀리 하십시오. 그러지 않으면 초나라의 존망은 조석에 달렸다고 할 수 있을 것입니다"라고 간했습니다. 하지만 양왕은 되려 화를 낼 뿐 장신의 충고를 귀담아 듣지 않았습니다. 이에 장신은 "정 그러하시다면 신이 잠시 조나라에 피하여 시국이 돌아가는 형편을 볼 수 있도록 허락해주소서"라고 말하며 조나라로 떠났죠. 이후 간신들은 더욱 활개를 쳤고, 그 때문에 진나라가 침공했을 때 양왕은 성양으로 망명을 할 수밖에 없었습니다. 이때에서야 양왕은 장신의 말을 떠올리고 그를 다시 불러들였습니다. "지금 후회를 해도 소용이 없겠으나, 그래도 이제 과인이 어찌해야 좋을지 알려 달라"고 묻자, 장신은 "토끼를 발견하고 사냥개를 풀어도 늦지 않고, 양이 달아난 뒤에 우리를 다시 고쳐도 늦지 않습니다"라며 다시 한 번 나라를 재정비할 것을 당부했습니다.

출전_ 전국책^{戰國策}

실생활에서는 이렇게 쓰인다

새해에는 망양보뢰亡羊補牢의 자세로 안전하고 살기 좋은 대한민국을 만드는 데 국민 모두가 노력해야 할 것이다.

 Follower를 부르는 140자

2010년 추석, 갑작스러운 홍수로 침수 피해를 당했던 지역이 2011년 여름, 또다시 수해를 입었습니다. 침수 피해 이후 재방 공사를 단단히 해뒀다면 피할 수 있었던 수해였던 만큼 더욱 큰 아쉬움이 남습니다. 도대체 이 나라의 외양간은 언제쯤 제대로 고쳐질 수 있을까요?

재난을 대비하라
狡兔三窟 교토삼굴

투자의 귀재들이 알려주는 성공 투자 비법 세 가지가 있습니다.

첫째, 재산을 삼분의 일로 나눠 각각 은행, 증권, 펀드 등 분산해서 묶어둘 것.

둘째, 재산을 10년 안에 쓸 돈, 10년 후에 쓸 돈, 10년 후에도 묶어둘 돈으로 나누어 필요 지출을 예상해 둘 것.

셋째, 증권이나 펀드에 투자할 때도 각각, 위험도가 높지만 수익성이 높은 종목, 위험도와 수익성이 중간치인 종목, 안정성은 높지만 수익성은 별로인 종목 등으로 나눌 것. 위험도가 높은 종목은 세 차례 이상 분산해서 매수할 것.

지금 당신은 미래를 잘 대비하고 있습니까?

교토삼굴 : 간교할 교狡 토끼 토兎 석 삼三 팔 굴窟
지혜로운 토끼는 세 개의 굴을 판다

똑똑한 토끼는 위험이 닥치더라도 몸을 피할 굴을 세 개나 갖고 있기 때문에 어떤 위기에도 대처할 능력이 있습니다. 지혜로 위기를 피하거나 재난이 발생하기 전에 미리 준비를 해두는 것을 일컫는 말입니다.

Story of 교토삼굴

제나라의 재상 맹상군의 식객, 풍훤은 늘 예상을 넘어서는 일을 해서 맹상군을 놀라게 했습니다. 갱상군은 풍훤 덕분에 번번히 위기에서 벗어났는데요, 풍훤이 맹상군을 우해 마련해준 '교토삼굴' 덕분입니다. 그 첫 번째는 맹상군이 '설'이라는 지역의 주민들에게 준 빚을 거둬오라는 명령에 오히려 차용증을 모두 불태운 일이고, 두 번째는 위나라의 혜왕에게 맹상군을 받아들이라 청을 한 일이고, 세 번째는 '설'에 제나라의 임금 민왕의 선대 종묘를 세우도록 한 일입니다. 그 덕분에 맹상군은 민왕의 노여움을 사 재상 자리에서 쫓겨났을 때 '설' 지역에 안착할 수 있었고, 민왕에게 함부로 해칠 수 없는 자라는 인상을 남겨주었는가 하면, 선대의 종묘가 있는 까닭에 민왕이 섣불리 '설' 지역을 넘볼 수 없도록 만들었습니다.

출전_사기史記

실생활에서는 이렇게 쓰인다

현대그룹은 새로운 조직문화인 '4T 매뉴얼북 개정판'을 발간해 전 계열사 임직원들에게 배포하면서 '할고봉군割股奉君', '매림지갈梅林止渴', '교토삼굴狡兔三窟'과 같은 고사성어를 교훈의 팁으로 추가했다.
−2011년 6월 경제 뉴스 중에서

 Follower를 부르는 140자

교토삼굴의 굴은 단순히 재난을 피해 몸을 숨기기 위해서 필요한 굴이 아닙니다. 만약의 재해를 최소화하기 위한 굴이자, 다음 전진을 위해 숨을 고르기 위한 굴입니다. 토끼조차도 목숨을 부지하기 위해 세 개의 굴을 판다고 하는데, 우리는 생존과 성공을 위해 과연 몇 개의 굴을 파야 할까요?

유재석 리더십
柔能制剛 _{유 능 제 강}

유독 인기의 부침이 심한 연예계에서 몇몇 특급 MC들은 오랫동안 인기를 유지하고 있습니다. 그중에서도 파이팅 넘치는 강력한 카리스마로 분위기를 주도해가는 MC가 이경규, 강호동 씨라면, 카리스마 대신 주변 사람들을 배려하고 그들의 장점이 방송 중에 잘 드러날 수 있도록 분위기를 주도하는 MC가 유재석 씨입니다. 어떤 이들이 더 훌륭한 MC인가에 대해서는 아직도 뚜렷한 정답이 없을 만큼 두 타입의 MC는 그야말로 호각지세를 나타내고 있는데요, 개인적으로는 '유능제강'의 모범사례라 할 만한 유재석 씨 쪽에 더 높은 점수를 주고 싶습니다. 스스로 돋보이려 하지 않으면서 팀원들에게는 저마다의 개성을 노출할 수 있도록 기회를 주고, 팀이 위기에 빠졌을 때는 팀원의 사기를 북돋아 주기 때문입니다. 이처럼 전체적인 상황을 리드해나가는 유재석 리더십이야말로 요즘 시대가 가장 원하는 모습의 리더십이 아닌가 생각합니다.

유능제강 : 부드러울 유柔 능할 능能 누를 제制 굳셀 강剛
부드러움이 능히 강함을 이긴다

사람들은 강하고 억센 것만이 이길 줄 알지만, 알고 보면 부드럽게 상황을 대처하는 것이 오히려 더 강한 힘을 발휘한다는 의미입니다

42

Story of 유능제강

전쟁의 승패를 예언적으로 서술한 병법서인 『군참軍讖』에는 부드러움과 강함에 대해 이렇게 서술해 놓고 있습니다.

'부드러움은 능히 굳셈을 제어하고, 약한 것은 능히 강함을 제어한다. 부드러움은 덕德이고 굳셈은 도둑이다. 약함은 사람들을 돕는 것이요, 강함은 사람을 공격하는 것이다.'

이는 진짜 이기기 의해서 갖춰야 할 강한 것이 무엇인지 알려주는 것이지요.

출전_육도삼략六韜三略

실생활에서는 이렇게 쓰인다

강한 리더십도 좋지만 때로는 유능제강柔能制剛의 리더십이 더 필요할 때가 있다.

 ## Follower를 부르는 140자

여자들은 본능적으로 강한 남자를 좋아합니다. 하지만 최근에는 부드러운 스타일을 더 선호한다고 합니다. 일명 '두부상'이죠. 쌍꺼풀이 진하고 뚜렷하게 생긴 조각미남은 아니지만, 왠지 상대방의 모든 걸 다 이해해 줄 것 같은 포용력이나 감미로운 분위기 때문에 최근 대세로 떠오르고 있죠.

저가매수의 원칙, 때를 기다려라
奇貨可居 _{기 화 가 거}

주식시장이 불황일 때 재력가들은 유망하다고 판단되는 회사의 주식을 사들입니다. 10년, 20년 정도의 긴 세월을 내다보고 주식을 사들이는 것입니다. 경기불황일 때 즉 주식의 가치가 떨어졌을 때 사뒀다가 오를 때 팔겠다는 전략입니다. 주식시장이 불황일 때, 증권전문가나 경제뉴스 등이 '지금이 저가매수의 기회'라고 강조하는 것도 바로 그래서죠. 하지만 저가매수는 자신의 능력이 뒷받침될 때 빛을 발할 수 있습니다. 여유자금이 없는 상태에서 저가매수를 해봐야 오름세까지 기다리지 못하고 손해를 보고 팔게 되기 때문입니다. 조급함은 좋은 기회를 놓치게 하는 결과를 초래합니다. 아무리 좋은 원칙도 지키지 못하면 무용지물이 되죠.

기화가거 : 기이할 기奇 재물 화貨 허락할 가可 살 거居
진기한 물건을 잘 사두면 장차 큰 이득을 볼 수 있다

어떤 물건 또는 재능과 학식, 기능 등을 쌓아 두었다가 좋은 기회가 올 때까지 기다리면 큰 이익을 얻을 수 있음을 이르는 말입니다.

Story of 기화가거

전국시대 말, 한나라의 큰 장사꾼인 여불위는 장사를 하러 조나라의 한단에 갔다가 우연히 진秦나라 소양왕의 손자가 그곳에서 볼모로 잡혀있음을 알게 됩니다. 여불위는 이때가 기회다 싶어 그를 찾아가 말했습니다. "소양왕의 뒤를 이어 왕위에 오를 당신 아버지의 정빈인 화양부인에게는 아들이 없습니다. 그러면 공을 비롯해 20명의 왕자 중에서 태자를 세울 텐데, 과연 누구를 태자로 세울까요?" "내가 어찌하면 되겠소?" "저에게 천금이 있사오니 그 돈으로 화양부인에게 선물을 해 환심을 사고, 인재를 모으세요. 저는 이 나라의 관리들에게 손을 써 귀공과 함께 진나라로 가 공이 태자가 되실 수 있도록 전력을 다하리다." 결국 여불위는 자신이 말한 대로 왕자를 태자로 세우는 데 성공합니다. 후에 태자가 왕위에 올라 장양왕이 되자, 여불위는 재상의 자리에 올라 무소불위의 권력을 휘둘렀습니다.

출전_사기史記

실생활에서는 이렇게 쓰인다

젊은 시절, 다양한 경험을 쌓아두는 것이 기화가거奇貨可居가 된다.

Follower를 부르는 140자

가장 좋은 저가매수의 대상은 '사람'이라고들 합니다. 축구단들이 유스 클럽이나 유스 시스템을 운영해서 일찌감치 축구에 재능 있는 유망주들을 발굴해 미리 선점하듯이. 다양한 분야에서 허울뿐인 인턴제가 아니라 인재 발굴 시스템들을 운영하면 좋겠습니다.

정의로운 판단을 내려주세요
明鏡高懸 명 경 고 현

힘 있고 돈 있고 백그라운드가 있는 자들은 만사를 잘 해결할 수
있습니다. 하지만 힘도 돈도 백그라운드도 없는 소시민들은 그저
'법'에 기댈 수밖에 없습니다. 법만큼은 진실을 알아주겠거니, 법
앞에서는 나도 당당할 수 있겠거니 생각하면서 말이죠. 법이나 법
관은 진실을 밝혀주는 거울, 진실을 재는 저울과 같다고 믿기 때
문입니다.

하지만 어디 그런가요? 힘과 돈과 백그라운드가 있는 사람은 그
런 걸 이용해 전관예우를 받을 수 있는 변호사를 고용하고, 변호
사는 자신의 인맥을 이용해 법정에서 자신들에게 유리한 판결을
이끌어 냅니다. 설령 죗값을 치른다고 해도 여전히 힘과 돈과 백
그라운드로 아주 가벼운 처벌만을 받고 말죠. 서민에게 다정하고
힘이 되어주어야 할 '법'이 오히려 서민에게 더욱 냉정하고 매몰찬
사회, 이게 바로 우리가 살아가고 있는 현실이라고 생각하면 그저
서럽고 분하기만 합니다.

> ### 명경고현 : 밝을 명明 거울 경鏡 높을 고高 매달 현懸
> 높이 매달린 밝은 거울
>
> 밝은 거울이 높이 걸려 있다는 뜻으로, 사리에 밝거나 판결이 공정
> 함을 일컫는 말.

Story of 명경고현

『서경잡기西京雜記』라는 책은 한나라 때의 으스스한 이야기나 전설 등을 모아 놓은 일종의 괴담집입니다. 이 책에는 진나라의 신기한 거울에 관한 이야기가 실려 있는데요. 진나타의 수도 함양의 궁에는 너비가 4척, 높이가 5척 9촌에 달하는 큰 거울이 있었다고 합니다. 대략 1척의 길이가 30cm 정도이니 너비가 1미터 20cm, 높이가 1미터 80cm에 가까운, 요즘으로 치면 전면거울 정도 되는 크기인 셈이지요. 한데 이 거울은 앞뒷면이 모두 밝게 빛나는 것으로, 사람이 그 앞에 서면 거꾸로 선 모습이 나타나고, 가슴을 어루만져 비춰보면 그 사람의 내장이 모두 훤히 보였다고 합니다. 그래서 흡사 X선처럼 몸에 병이 있는 사람이 비추면 아픈 곳이 나타났고, 심지어 사람이 품은 나쁜 마음까지도 고스란히 드러났다고 하네요. 이에 진시황은 궁궐 안의 사람들의 충성심을 이 거울로 시험해보곤 했다는데요. 이 거울을 통해 역심을 품은 이가 발각되면 즉각 체포하여 처벌했다고 합니다. 하지만 이 거울은 진나라 말기에 유방이 함양을 공격하던 중 어디론가 사라지고 말았다고 하네요.

출전_서경잡기西京雜記

실생활에서는 이렇게 쓰인다

법조인에게 명경고현明鏡高懸같은 판결을 기대해본다.

Follower를 부르는 140자

만약 마음속의 옳고 그름까지 보여주는 명경고현 같은 거울이 있다면, 세상은 어떻게 됐을까요? 아마도 그 거울이 세상에 나오기도 전에 누군가 몰래 훔쳐가거나 깨어버렸을 게 분명합니다. 다른 사람의 추악한 마음은 들춰내고 싶지만 자신의 추악함은 절대 자신의 눈으로도 확인하고 싶지 않은 게 사람의 마음일 테니까요.

좀 더 길게 보자고요!
竭澤而漁 ^{갈 택 이 어}

요즘 K-POP의 한류 열풍이 강세입니다. 특히 일본이나 아시아 국가에서의 K-POP 열풍은 가히 선풍적입니다. 예전에는 몇몇 가수에만 국한되어 있던 인기가 요즘은 아이돌 그룹 전체로 점차 그 폭을 넓혀가고 있습니다. 그같은 인기에 자극받아 요즘은 조금만 인기가 있다고 하면 너나 할 것 없이 해외 진출을 선언하는 추세입니다. 가수들은 저마다 "한류 붐을 일으키는데 일조하겠다"느니 "한국의 위상을 일본에 떨치겠다"느니 하는 거창한 목표를 내세우지만, 실상은 한류 붐을 기회로 수익을 내는 데에만 열중하고 있는 모습입니다. 이는 한류 붐에 편승해 무분별한 해외공연을 기획하는 방송사들도 마찬가지입니다. 그 때문에 벌써부터 일본이나 다른 국가들에서는 "한류가 지겹다" "돈벌이만 생각한다"는 볼멘소리가 나오고 있는 상황인데요. '한탕주의 식' 발상에만 머무르지 말고 보다 긴 안목으로 한류의 바람을 오래 지속시킬 수 있는 방안을 생각해야 할 때인 것 같습니다.

> ### 갈택이어 : 다할 갈竭 못 택澤 어조사 이而 고기 잡을 어漁
> 연못을 말려 고기를 얻다
>
> 연못의 물을 모두 퍼내 고기를 잡는다는 뜻으로, 눈앞의 이익만을 추구하여 먼 장래를 생각하지 않는 것을 말합니다.

Story of 갈택이어

진晉나라 문공은 자국도다 훨씬 막강한 군대를 지닌 초나라와 일대 접전을 벌이게 되었습니다. 훨씬 전력이 우세한 초나라에게 이길 방법을 부하들에게 물었더니, 호언狐偃이라는 자가 "속임수를 써보자"고 제의합니다. 한편 다른 부하 이옹李雍은 속임수를 써서는 안 된다며 다음과 같은 이야기를 들려주었습니다. "연못의 물을 모두 퍼내어 물고기를 잡으면 잡지 못할 리 없지만 훗날 잡을 물고기가 없게 되고, 산의 나무를 모두 불태워 짐승들을 잡으면 잡지 못할 리 없겠지만 뒷날에는 잡을 짐승이 없어집니다." 당장 속임수를 써서 위기를 모면한다 해도 근본적인 해결이 되지 않으면 임시방편에 불과하다는 이야기를 한 것이죠.

출전_ 여씨춘추呂氏春秋

실생활에서는 이렇게 쓰인다

지자체 단체장들의 갈택이어竭澤而漁와 같은 전시행정 때문에 재정이 악화되는 지자체들이 늘고 있다.

Follower를 부르는 140자

홍콩느와르 붐이 일었을 때, 우리도 홍콩의 영화와 스타들에 매료된 적이 있습니다. 하지만 너무 짧은 시간에 비슷한 스타일의 영화와 스타들이 쏟아져 나옴에 따라 홍콩느와르 붐은 금세 사그러들고 말았는데요. 외국인의 시선에 보여지는 K-POP의 모습도 이와 같진 않을까요?

한바탕 꿈이로세
南柯一夢 _{남 가 일 몽}

깨어 있을 때 왕이고 잠들었을 때 노예인 남자와 깨어 있을 때 노예이고 잠들었을 때 왕인 남자가 있습니다. 과연 누가 더 행복할까요? 쉽게 생각하면 당연히 깨어 있을 때 왕인 남자가 더 행복해 보일 수도 있겠죠. 하지만 모든 권력을 쥐었어도 단 한 번도 편한 잠을 이루지 못한 왕과 괴로운 현실을 버텨야 하지만 그래도 밤이면 황홀한 꿈을 꿀 수 있는 노예를 비교한다면, 차라리 꿈꿀 수 있는 노예가 더 행복할지도 모릅니다.

당신은 누가 더 행복하다고 생각하십니까?

남가일몽 : 남녘 남南 가지 가柯 한 일一 꿈 몽夢

남쪽 가지에서의 꿈

덧없는 꿈이나 헛된 부귀영화 혹은 인생의 덧없음을 비유하는 말입니다. 비슷한 말로 일장춘몽一場春夢이 있습니다.

Story of 남가일몽

당나라 덕종 때, 광릉에 순우분이란 이가 살았습니다. 어느 날 그는 술에 취해 집 앞의 큰 나무 밑에서 잠이 들었는데요, 꿈속에서 그는 괴안국왕의 부마가 되어 궁궐에서 부귀영화를 누리고, 남가군이라는 지역의 태수로서 태평성대를 누리다 결국 재상의 지위까지 오릅니다. 하지만 단라국군이 침공해 와 참패를 당하고, 아내까지 병으로 죽자 실의에 빠진 그에게, 괴안국의 왕이 "자네는 본래 속세 사람이니 고향에 다녀오게. 3년 후에 내 다시 부름세"라며 고향으로 돌아갈 것을 권합니다. 이에 집으로 돌아와 처마 밑에 서 있다 관원의 호통소리에 놀라 눈을 떠 보니 자신이 나무 밑에 누워있는 게 아니겠습니까? 너무나 꿈이 생생해 그가 나무 아래의 구멍을 파 보니, 개미의 집이 있었습니다. 그 개미집이 바로 꿈속의 괴안국이었던 것이죠. 그는 구멍을 다시 막아 놓았지만, 그날 밤 큰 비가 내려 개미집은 온데간데없이 사라져버리고 맙니다. 이에 순우분은 인생이라는 것이 꿈처럼 부질없음을 깨닫고 도술道術을 공부하다 괴안국의 왕이 약속한대로 3년 후 죽고 맙니다.

출전_ 이문집異聞集

실생활에서는 이렇게 쓰인다

정권의 실세로 하늘 높은 줄 몰랐던 그가 이제는 병상 위의 한갓 초라한 늙은이일 뿐이라니, 인생사 참으로 남가일몽南柯一夢이오.

Follower를 부르는 140자

인생이 일장춘몽이고 남가일몽이라면 왜 누군가에게는 길몽이고, 누군가에게는 악몽인 것일까요? 도대체 이 꿈은 무슨 까닭으로 이리도 희로애락이 넘치는 것일까요? 꿈이라고 단순히 생각하기에는 이 꿈이 너무 달콤하고 서글프고 아프고 기쁩니다.

호랑이 그림? 개 그림!
畵虎類狗 _{화 호 유 구}

빨간 밑창의 하이힐로 유명한 모 명품 구두 브랜드가 있습니다. 여자들에게는 꿈의 구두 중 하나로 불리는 브랜드인데요, 다른 명품 브랜드에서 구두 디자인에 빨간 밑창을 썼다고 해서 소송에 걸린 적이 있습니다. 뉴욕 법원에서는 "빨간 밑창은 한 회사만의 것이라 볼 수 없으므로 그 소유권을 주장할 수 없다"고 다른 명품 브랜드의 손을 들어줬습니다. 하지만 이를 보는 패션피플들의 시선은 차갑기만 합니다. 고유의 브랜드 컬러를 유지하지 못한 채 자존심도 없이 남의 디자인을 따라함으로 해서 오히려 브랜드 명성이 깎였다고 보기 때문이죠. 남의 장점을 본받는 것도 좋지만, 선부른 흉내는 자신의 가치를 떨어뜨린다는 사실을 잘 보여주는 예입니다.

화호유구 : 그림 화畵 범 호虎 무리 유類 개 구狗
호랑이를 그리려다 개처럼 그림

능력이나 소양이 없는 사람이 영웅호걸의 풍도風度를 모방하다가 도리어 우스꽝스러운 꼴이 되듯, 잘된 것을 본받으려다 도리어 경박하게 되는 것을 비유한 말입니다.

Story of 화호유구

후한 때의 장수 마원은 자신의 조카 마엄과 마돈을 유독 아꼈는데요. 어느 날 전쟁터에서 두 조카에게 편지를 보냈습니다. "용백고는 중후하고 신중하고 겸손한 분이니, 너희는 이 분을 본받아라. 두계량은 호걸로 의협심이 강하고 남의 근심과 즐거움을 나누는 분이니, 너희는 이분도 본받아라. 만일 너희가 용백고를 본받으려 노력한다면 그만큼은 못될지라도 적어도 신중하고 강직한 사람은 될 수 있을 것이다. 하지만 두계량을 본받으려다 그 뜻을 이루지 못하면 오히려 경박한 인물이 될 수 있다. 호랑이를 그린다는 것이 개와 비슷한 그림이 되는 일처럼 말이다." 마원은 마엄과 마돈이 젊은 치기에 의협심을 중시하며 옛웅호걸의 풍모를 따라 하려다 섣부른 행동으로 목숨을 잃게 될 것을 경계하기 위해 편지를 쓴 것입니다. 그 덕분에 마엄과 마돈은 용백고를 본받으려 노력했다고 합니다.

출전_후한서後漢書

실생활에서는 이렇게 쓰인다

한류 붐을 타고 A그룹도 호기롭게 일본 진출을 선언했지만, 전략도 없는 무분별한 진출로 결국 화호유구畵虎類狗로 끝나고 말았다.

 Follower를 부르는 140자

남의 작품이 제아무리 훌륭하다 해도 그 장점을 자신의 것으로 소화하지 못하면 도리어 조악해져 버리기 쉽습니다. 개성이 필요한 이유는 그 때문입니다. 호랑이를 그릴 능력이 안 되면 처음부터 개를 그리면 됩니다. 예쁜 강아지 그림도 호랑이 못지 않게 인기 있잖아요?

거짓 술수: 명사

어떤 일을 꾸미는 꾀나 방법.
[같은 말] 술책.

라 때, 한신은 대군을 이끌고 조나라를 침공합니다. 결전을 앞두고 한신은 "적장 이좌거를 사로
이에게는 천금을 주겠노라"고 천명합니다. 이후 전쟁의 승리는 한신에게 돌아갔고, 이 좌거는 포
되어 한신 앞에 끌려나왔습니다. 한신은 그런 이좌거를 극진히 대접하고 주연을 베풀
를 달래주려 했습니다. 그리고 물었죠. "연나라, 제나라에 대한 공략책은 어떤 것이 좋을지요."
만 이좌거는 **"패장은 병법을 논하지 않는 법"**이라며 아무 말도 하지 않았습니다.
한신이 정중히 청하자 이좌거가 답했습니다.
"지혜로운 사람이라도 많은 생각을 하다 보면 반드시 하나쯤은 실책이 있고,
　　　　　　어리석은 이라도 많은 생각을 하다 보면 반드시 하나쯤은 득책이 있다고 했습니
　　　　　만약 이 몸의 생각 가운데 하나라도 득책이 있으면 다행이 아닐까 합니다."
　　그 후 이좌거는 한신의 참모가 되어 크게 공헌했다고 합니다.
　　　　　　리플리 증후군을 아시나요? 자기기인

　　　　　　거짓말의 놀라운 힘　삼인성호
　　　　거짓과 진실　자욕위마　거짓의 메이크업　교언영색
　　　그 뱃속 한번 시커멓구려!　양두구육

　　눈치 좀 있어 봐　병약무인
　　　말이 그리 맛있던가요? 식언

　　　　뻔뻔한 세상　철면피
　　　　　수치를 모르는 여자　강안여자
　　술과 고기의 나날　주지육림
　　　어리석은 도둑 엄이도종

　　　작은 도둑과 큰 도둑　양상군자
　　참 나 뭘 아신다고!　군맹무상

02
거짓
술수 　術數
　　　철밥통은
　　　안녕하신가요?
　　　반식재상

리플리 증후군을 아시나요?
自欺欺人 자기기인

1955년, 패트리샤 스미스라는 작가가 『재능 있는 리플리 씨』라는 소설을 발표합니다. 이 소설은 알랭 들롱의 영화 〈태양은 가득히〉에 이어 〈리플리〉라는 제목의 영화로도 만들어집니다. 소설과 영화의 주인공 이름이 바로 '리플리'인데요, 그는 영민하긴 하지만 보잘것없는 자신의 신분을 감추기 위해 끊임없이 거짓말을 일삼다 파멸하는 인물입니다. 이후, 거짓말을 계속하다 마침내는 자기 자신까지 그 거짓말을 믿게 되고 환상 속에 사는 인격 장애를 '리플리 증후군'이라 부르게 되었습니다. '리플리 증후군'에 걸린 이들은 자신이 만든 거짓말을 현실로 믿는 나머지 거짓말 탐지기도 통과할 정도라고 하는데요, 몇 년 전 학력위조로 사회를 떠들썩하게 만들었던 신 모씨의 경우도 '리플리 증후군'이 아닌가 의심하는 이들이 많습니다. 누가 봐도 명백한 학력위조인데도 스스로는 너무도 강력하게 "학력위조가 아니다"라고 주장하고 있기 때문이죠.

> **자기기인** : 스스로 자自 속일 기欺 속일 기欺 사람 인人
> 스스로 속이고 사람을 속이다
>
> 흔히 남을 속이기 위해서는 자기 자신도 속여야 한다는 말이 있습니다. 자기기인은 그렇게 자신을 속이고 남 또한 속인다는 의미를 갖고 있습니다.

Story of 자기기인

성리학의 대가 주희朱熹, 1130~1200는 중국 남송 시대의 유학자로, 주자朱子라고 불리기도 합니다. 그는 맹자나 공자 등의 학문에 전념하였는데요, 유학을 집대성하고, '주자학'을 창시하여 완성시킨 분입니다. 주희와 그 문인門人들의 학문상의 이론을 문답 형식으로 기록한 책書인『주자어류朱子語類』에서 주희는 자기도 믿지 않는 말이나 행동으로 남까지 속이는 세태를 '자기도 속이고 남도 속인다'라는 문장으로 풍자하였습니다.

출전_주자어류朱子語類

실생활에서는 이렇게 쓰인다

표절 시비에 걸린 작곡가들은 의도치 않은 우연으로 표절 시비에 걸렸다고 주장하는 경우가 있지만, 이는 자기기인自欺欺人식 변명이라 할 수 있다.

 Follower를 부르는 140자

취업난 때문에 이력서나 자기소개서에 자신의 경력을 부풀리는 사람들이 많습니다. 처음에는 다소 죄책감을 가지고 한 거짓말이지만, 시간이 지나면 자신도 모르게 거짓말에 정당성을 부여하게 됩니다. 그리고 거짓말을 믿게 되죠. 그렇게 자신을 속이고 세상을 속이다 보면 점점 거짓말에 중독되고 맙니다.

거짓말의 놀라운 힘
三人成虎 삼인성호

몇 년 전, 인기 탤런트 김태희의 '재벌과의 결혼설'이 인터넷을 후끈 달궜습니다. 열애설도 아니고, 모월 모일 모시에 이미 "결혼했다"는 루머가 파다했습니다. 놀라운 건 한 두 사람도 아니고 정말 너무나 많은 사람들이 "내 지인들이 그 결혼식에 갔다 왔다. 특급 비밀이라고 비밀엄수를 요청했다"는 이야기들을 떠들고 다녔다는 거죠. 그러다 보니 처음에는 루머라며 믿지 않던 이들도 점점 소문을 믿게 되었습니다. 아니라고 반박하기에는, 직접 들었다는 이들이, 직접 다녀온 사람을 안다는 이들이 너무나 많았기 때문이죠. 결국 조사 끝에 이 사건은 네티즌들이 만든 거짓 소문임이 밝혀졌는데요, 사실이 밝혀지고 난 다음에도 여전히 거짓을 그대로 믿고 있는 사람들이 많습니다. 인터넷 상에서 루머를 사실로 만들기란 어린애 팔 비틀기보다도 쉽다는 게 정말이었나 봅니다.

삼인성호 : 석 삼三 사람 인人 이룰 성成 호랑이 호虎
세 사람이 호랑이를 만들다

세 사람이 똑같이 입을 모아 말하면 있지도 않은 호랑이가 나타난 걸로 믿게 된다는 것으로, 거짓말이라도 여러 사람이 이야기하면 진실인 것처럼 믿게 된다는 뜻입니다.

Story of 삼인성호

전국시대 위나라 혜왕 시절, 위나라의 태자와 함께 방총이라는 자가 적국 조나라로 인질로 가게 되었습니다. 방총은 떠나기 전 왕에게 아뢰었죠. "원래 시장에는 호랑이가 나올 수 없습니다. 그러니 한두 사람이 시장에 호랑이가 나왔다고 이야기해도 아무도 그 말을 믿지 않을 것입니다. 하지만 세 사람이 모두 입을 모아 시장에 호랑이가 나왔다고 이야기하면, 시장에는 틀림없이 호랑이가 나온 셈이 됩니다. 제가 떠난 뒤, 저를 험담하는 이들이 족히 세 사람은 넘을 것입니다. 왕께서는 부디 그 말에 속지 말아 주십시오." 그러자 혜왕은 "자신의 눈밖에 믿지 않겠노라"며 답했습니다. 하지만 방총이 태자와 함께 길을 떠나자마자 방총을 험담하는 이들이 연이어 나타났습니다. 결국 방총은 왕의 미움을 사 끝끝내 위나라로 돌아오지 못했습니다.

출전_ 한비자韓非子

실생활에서는 이렇게 쓰인다

"편의점에 멧돼지가 출몰했다는 이야기를 들어도 그저 삼인성호三人成虎인 줄만 알았어요. 그러나 웬걸요, 그날 밤 TV 뉴스에 집 앞 편의점에 침입한 멧돼지 소식이 떡하니 보도되더라고요."
－2010년 10월, 부산 야생멧돼지 편의점 습격 난동 건에 대한 목격담 중에서

Follower를 부르는 140자

요즘 사람들은 아주 조금의 진실과 아주 많은 허구를 섞어서 그럴듯한 거짓을 만들어 냅니다. 진실은 평범하면서 지루할 수 있지만, 거짓은 화려하고 흥미진진하기 때문입니다. 하지만 사람들에게 흥미거리를 제공해주기 위해 진실을 왜곡하는 일은 하지 않아야겠죠. 다른 사람을 향한 거짓의 화살이 언제 자신에게 겨누어질지도 모르니까요.

거짓과 진실
指鹿爲馬 _{지 록 위 마}

인터넷에서 세계 각국의 네티즌들이 동영상을 업로드하는 유투브는 막강한 파급력을 지니고 있습니다. 실시간으로 다른 나라에서 일어난 재난 상황을 파악할 수도 있고, 이를 통해 전 세계적인 스타가 탄생할 수도 있습니다. 그러다보니 유투브에는 거짓영상이나 조작영상 등도 심심찮게 등장하는데요, 근래에 와서는 일본 쪽 네티즌들에 의한 문제 동영상들이 줄을 잇고 있습니다. 올림픽 챔피언 김연아 선수에 대한 이미지 조작 영상이나 한류 붐을 이끌고 있는 국내 연예인들의 성형 의혹 동영상들이 그 대표적인 예입니다. 말도 안 되는 거짓이니까 무시하고 넘어가려 해도 그 동영상들을 보고 거짓 정보를 얻게 되는 이들이 너무 많은 것이 문제입니다. 흔히 '100번을 우기면 거짓말도 사실이 된다'는 말이 있는데요, 거짓을 거짓이라고 바로 알릴 수 있는 방법을 강구해야 하지 않을까요?

지록위마 : 가리킬 지指 사슴 록鹿 할 위爲 말 마馬
사슴를 가리켜 말이라고 한다

윗사람을 농락하여 권세를 마음대로 휘두른다는 뜻도 있지만, 사실이 아닌 것을 끝까지 우겨서 남을 속이려는 짓을 비유적으로 이르는 말이기도 합니다.

Story of 지록위마

진시황제가 죽자 환관 조고^{趙高}는 거짓 조서를 올려 태자 부소를 죽이고 더 리석은 호해왕자를 황제로 삼았습니다. 조고는 조정의 모든 중신들을 죽이 고 스스로 승상이 되어 조정의 실권을 잡았는데요, 어느 날 조고는 남은 중 신들 가운데 자신에게 반대하는 이를 가려내기 위해 일을 꾸몄습니다. 모두 가 보는 앞에서 호해에게 사슴을 바치며 "말을 바칩니다"라고 말을 했습니 다. 이에 호해가 "이것이 어찌 말인가? 이것은 사슴이 아닌가?"라며 중신들 에게 되물었습니다. 그러자 대부분의 신하들은 조고의 뜻에 거스르지 않기 위해 "말이 맞사옵니다"라고 했으나, 몇몇 신하들은 사슴이라고 솔직히 말 했습니다. 이를 본 조고는 사슴이라고 말한 이들을 기억해 두었다가 차례차 례 죄를 씌워 죽여버렸습니다. 이후 조정에서는 조고의 말에 반대하는 이가 한 명도 없었다고 합니다.

출전_사기^{史記}

실생활에서는 이렇게 쓰인다

지록위마^{指鹿爲馬}를 일삼는 위정자들이 너무나 많습니다. 정치 실 세들의 눈치를 보느라 대기업의 눈치를 보느라 부끄러움도 없이 사슴을 일러 말이라 칭합니다.

 ## Follower를 부르는 140자

상사의 눈치를 보고, 그릇된 판단을 그대로 따르는 예스맨들은 '지록위마' 의 이야기 속의 사슴을 말이라고 칭한 신하들과 다를 바 없습니다. 소신을 버리고 이득을 취할 수 있을지는 몰라도 결국은 자신의 거짓말에 대한 대 가를 언젠가는 치르게 되는 거죠.

거짓의 메이크업
巧言令色 ^{교 언 영 색}

"언제나 자세를 바로 하고, 공손한 언어를 사용하라."

선생님이 제자들에게 강조하는 것 중의 하나가 바로 바른 자세와 단정한 외모입니다.

외면으로 승부하라는 것이 아닙니다. 내면을 충실히 단련한 뒤 그렇게 준비된 소양들이 자연스럽게 겉모습에서 표현될 수 있기를 바라서입니다.

"겉모습을 단정히 하고, 공손한 언어를 사용하라."

사기꾼들이 가장 먼저 강조하는 것도 자세와 외모입니다.

처음 보는 사람들도 자연스레 신뢰할 수 있도록, 누구나 그들의 말을 쉽게 믿을 수 있도록 언변과 외양을 갖추기를 권유하죠. 이렇게 진실과 거짓이 같은 메이크업을 하고, 같은 말을 할 때 사람들은 누구도 그 둘을 구별할 수 없습니다.

교언영색 : 공교할 교巧 말씀 언言 하여금 영令 빛 색色

교묘한 말과 아첨하는 표정

남의 환심을 사기 위해 아첨하는 말과 표정을 가리키는 말입니다.

Story of 교언영색

공자가 말하기를 "남의 기분에 맞추기 위해 하는 말과 아첨하는 얼굴빛에는 인仁이 적다"고 했습니다. 번드르르 말만 잘 하고 표정을 잘 꾸미는 사람들 중에 어진 사람은 별로 없다는 뜻입니다. 그에 반해 강직하고 꾸밈이 없고 말수가 적은 사람은 인仁에 가깝긴 하지만, 그렇다고 인仁을 갖춘 군자라고는 말할 수 없다고도 합니다. 그저 겉모습만 보고 사람을 판단함을 경계한 말인 것입니다.

출전_논어論語

실생활에서는 이렇게 쓰인다

이번에 적발된 무리들은 지방을 중심으로 노인들에게 갖은 교언영색巧言令色으로 수십, 수백만 원어치의 가짜 만병통치약을 팔던 사기꾼들이다.

Follower를 부르는 140자

아이들은 외양만을 보고 사람을 판단하기 쉽습니다. 그래서 외국에서는 평범하고 선하게 생긴 범죄자들의 사진을 보여주며 생김새와 범죄성은 아무런 관련이 없음을 교육한다고 하더군요. 많은 범죄에 노출된 우리 어린이들에게도 꼭 필요한 교육이 아닐까요?

그 뱃속 한번 시커멓구려!
羊頭狗肉 _{양 두 구 육}

2011년 여름, 충격적인 뉴스가 들려왔습니다. 軍 장성 출신이 군사기밀을 빼내 외국 군수업체에 넘기는 '스파이' 행위를 했다고 합니다. 사실 진작부터 군수업체들의 치열한 로비 행각은 익히 알려져 온 사실이지만, 설마하니 군 출신 인사들이 직접 스파이 행위를 하리라고는 국민 누구도 생각지 못했을 것입니다. 더욱 분통 터지는 사실은 이들 인사 대부분이 엄중한 처벌 대신 선고 유예나 집행 유예를 받았다는 것입니다. 이들이 군사기밀을 넘긴 나라들이 적국인 북한이나 다른 공산주의 국가가 아니라는 이유에서지요. 늘 기강을 강조해 온 군대의 높으신 분들이 예편 후 스파이 행위를 통해 시커먼 뱃속을 채워왔다는 사실이 참으로 아이러니하지 않나요?

양두구육 : 양 양羊 머리 두頭 개 구狗 고기 육肉
양 머리를 걸어 놓고 개고기를 판다

겉으로는 훌륭한 것을 내세우지만 실제로는 변변찮은 짓을 한다는 뜻으로, 겉과 속이 일치하지 않는 상황을 이르는 말인데요, 좋은 물건을 내걸고 나쁜 물건을 파는 속임수를 일컫는 말이기도 합니다.

Story of 양두구육

춘추시대, 제나라 영공 때의 일입니다. 영공은 궁의 여인들에게 남장을 시켜보며 즐기는 별난 취미를 갖고 있었는데요. 그 때문에 제나라의 백성들 사이에서도 남장이 하나의 유행이 되었다 합니다. 이에 영공은 재상인 안영에게 "궁 밖에서 남장하는 여인들을 처벌하라"는 명을 내립니다. 그럼에도 불구하고 여성들의 남장 유행은 계속 됐죠. 영공이 안영에게 그 까닭을 묻자 안영이 답했습니다. "궁중 여인들에게는 남장을 허용하시면서 궁 밖 여인들에게는 남장을 금하는 것은, 밖에는 양머리를 걸어놓고 안에서 개고기를 파는 것과 같습니다. 이제라도 궁중 여인들에게 남장을 금하게 하면 궁 밖의 여인들도 감히 남장을 계속하진 못할 것이옵니다." 영공은 그의 말에 따라 즉시 궁중에도 남장 금지령을 내렸습니다. 그 다음날부터 제나라에서는 남장 여인을 찾아볼 수 없었다고 합니다.

출전_ 안자춘추晏子春秋

실생활에서는 이렇게 쓰인다

겸손한 태도, 부드러운 말투와 달리 강경한 정책들단 독단적으로 추진하는 모 장관을 일러 '양두구육羊頭狗肉'이라는 비판이 많다.

 Follower를 부르는 140자

'사실은' '진짜로'란 말을 입버릇처럼 달고 사는 사람일수록 거짓말을 하는 경우가 많다죠. '객관적으로 봐서 말야'란 말을 달고 잘난 척하는 사람의 말일수록 다분히 주관적인 경우도 많더군요. 양두구육을 탈피한 진정한 의미에서의 언행일치를 행해야겠습니다.

눈치 좀 있어 봐
傍若無人 _{방 약 무 인}

어렸을 때는 남의 눈치를 보지 않는 당당함이라 생각했던 것들이 크고 나서 보니 그저 어린아이의 건방짐이었음을 깨달았습니다. 자유로움이라고 생각했던 것들이 그저 치기^{稚氣}에 지나지 않음을 깨달았습니다. 세상은 나 혼자 사는 것이라고 생각했던 것들이 그저 비겁한 변명이었음을 알게 됐습니다. 사람은 사람의 눈치를 보고, 사람과 함께 살아가는 것임을 옛 어른들의 말씀 속에서 배우게 됩니다.

방약무인 : 곁 방傍 같을 약若 없을 무無 사람 인人
곁에 사람이 없는 것 같이 여기다

주위 사람을 전혀 의식하지 않고 아무 거리낌없이 행동함을 가리키는 말입니다.

66

Story of 방약무인

전국시대 말엽, 포악무도한 진나라 왕을 암살하려다 실패한 형가荊軻라는 자객이 있었습니다. 그는 위나라 출신으로, 위나라 원군에 끼이지 못한 채 여러 나라를 전전하다 연나라에서 비파의 명수인 고점리를 만나 의기투합하게 됩니다. 두 사람은 술을 좋아해서 매일 저잣거리에서 술을 마시곤 했습니다. 술이 거나하게 취하던 고점리는 악기를 연주하고, 형가는 노래를 부르곤 했는데요. 그러다가도 문득 설움이 복받치면 곁에 다른 사람들이 아무도 없는 것처럼 두 사람은 부둥켜안고 신세한탄을 하며 대성통곡을 했답니다.

출전_사기史記

실생활에서는 이렇게 쓰인다

어떻게 그렇게 눈치도 없이 방약무인傍若無人으로 떠들어 댈 수가 있어?

 Follower를 부르는 140자

사람들이 남의 눈치를 보지 않고 함부로 행동하는, 즉 방약무인한 이들을 보고 참고 넘기는 것은 괜히 시비가 생길까봐 참는 것이기도 하지만, 방약무인의 대가를 언젠가는 치르게 될 걸 알아서이기도 합니다. 예부터 방약무인한 이들 치고 무사안일한 이들은 거의 없었으니까요. 행동의 대가는 언제나 부메랑처럼 스스로를 향해 찾아온다고 합니다.

말이 그리 맛있던가요?
食言 ^{식 언}

어떤 말은 참 달콤하고,
어떤 말은 참 맵습니다.

어떤 말은 무르고요,
어떤 말은 딱딱하고 질깁니다.

당신은 어떤 말을 하고 있나요?
어떤 말을 듣고 있나요?

어떤 말이 가장 맛있던가요?

식언 : 먹을 식食 말씀 언言
말을 삼킨다

한번 입 밖에 낸 말을 도로 입 속에 넣는다는 뜻으로, 약속을 번복하
거나 지키지 않음을 비유한 말입니다.

Story of 식언

중국 하나라의 마지막 왕인 걸왕은 사치와 폭정을 일삼던 임금이었습니다. 이를 보다 못해 은나라의 탕왕은 걸왕을 치기 위해 군사를 일으켰는데요, 이때 모든 사람들에게 맹세했습니다. "모두 나를 도우라. 그 공이 너희들에게 돌아가리라. 나는 절대 말을 먹지 않는다!" 자신은 하나라의 걸왕처럼 한 입으로 두 말을 하는 사람이 아니라는 이야기였죠.

이렇게 세상 사람들의 신뢰를 얻은 탕왕은 결국 걸왕을 물리치고 왕의 자리에 오를 수 있었다고 합니다.

출전_서경書經

실생활에서는 이렇게 쓰인다

정치인들이 식언食言을 일삼는 바람에 정치에 염증을 내는 국민들이 점점 늘고 있는 것이 아닌가.

 Follower를 부르는 140자

거짓말과 식언은 다릅니다. 거짓말은 아예 처음부터 신뢰를 쌓지 않은 것이고, 식언은 신뢰를 배반하고 말을 바꾸는 것입니다. 한번 믿음을 주었기에 사람들은 거짓말보다 식언에 더 큰 배신감을 느끼는 지도 모르겠습니다.

뻔뻔한 세상
鐵面皮 _{철 면 피}

세상은 자꾸 뻔뻔해지라고 재촉합니다.
승자가 되고 싶다면 뻔뻔해지라고 이야기합니다.

뻔뻔함은 수치스러움이 아니라 프로다운 당당함이랍니다.
체면은 밥을 먹여주지 않는다고, 다른 사람들의 뒷말이나 경멸의
시선조차도 의연하게 받아넘기라고 합니다.

그래서 난 아마 영원히 성공할 수 없을 것만 같습니다.

철면피 : 쇠 철鐵 얼굴 면面 가죽 피皮
쇠로 만든 낯가죽

얼굴이 철판을 깐 듯 두꺼워 염치가 없고 뻔뻔스러운 사람을 이르는
말입니다.

Story of 철면피

어느 곳에 옹광원이라는 진사가 있었습니다. 그는 고관대작들에게 아첨하고 그들에게 잘 보이기 위해 권문세가를 찾아다니곤 했는데요, 한 번은 어느 높으신 양반이 술에 취해 그에게 시비를 걸었습니다. "자네를 때려주고 싶으이. 어찌 한 번 맞아볼 터인가?" "기꺼이 치시옵소서. 대감의 매라면 달게 받겠습니다" 결국 높으신 양반에게 흠씬 매질을 당했는데요, 그래도 왕광원은 화도 내지 않았습니다. 돌아오는 길에 친구가 물었죠. "자네는 배알도 없나? 어찌 그런 수모를 당하고도 태연할 수 있는가?" 그러자 왕광원이 말했습니다. "높으신 양반 아닌가. 그런 이에게 잘 보이면 어쨌든 좋은 일이지" 그런 그를 가리켜 사람들은 "왕광원의 낯가죽은 열 겹의 철갑을 두른 것과 같다"며 비웃었다고 합니다.

출전_ 북몽쇄언 北夢瑣言

실생활에서는 이렇게 쓰인다

아직 혼인 신그서어 도장도 마르기 전에 바람을 피우고도 큰소리 치다니, 그 남자 정말 철면피鐵面皮 아냐?

 Follower를 부르는 140자

흔히 부끄러움을 느끼는 동물은 사람뿐이라고 하지만, 의외로 동물들도 수치심을 느낀다는 연구 결과를 접하기도 합니다. 심지어 집에서 키우는 강아지나 고양이도 부끄러움을 느낀다는 증언들이 있었습니다. 그렇게 따지면 수치나 부끄러움도 도로고 자신의 이익에 따라 처신을 다르게 하는 이들에게 "짐승만도 못하다"란 욕을 하는 것이 참으로 타당한 듯싶네요.

수치를 모르는 여자
强顔女子 강안여자

학력위조로 세상을 들썩이게 만들었던 어느 여자가 있습니다.
죗값을 치르고 나오자마자 자신에 대한 책을 펴내 또 한 번 세상을 시끄럽게 만들었죠. 자신과 연루되었던 고위 공직자와의 인연, 숨겨진 가족사, 학력위조의 과정이나 진위 등 자극적인 에피소드들을 담은 이 책은 삽시간에 베스트셀러가 되어 그녀에게 커다란 부富를 안겨줬습니다. 책의 내용을 둘러싸고 진위공방이 열띠게 펼쳐지기도 하고, 거짓임을 주장하는 공식적인 멘트들도 여럿 나왔습니다. 지켜보다 보니, 그 내용의 거짓과 진실은 차치하고, 참으로 "대단하다"며 혀를 내두를 수밖에 없더군요. 어찌 되었건 정당하지 못한 수단으로 학위를 따고, 그를 바탕으로 커리어를 쌓았으면서도 자신의 잘못을 인정하지 않는 그 뻔뻔함에 새삼 말문이 막혔습니다. 세상을 속인 것도 모자라 다시 한 번 대중을 기만한 그 강함, 아니 강안强顔이 참으로 놀라울 뿐입니다.

> **강안여자** : 굳셀 강强 얼굴 안顔 계집 여女 아들 자子
> 얼굴이 강한 여자
>
> 흔히 얼굴이 두껍다, 낯짝 두껍다는 말을 자주 사용하죠? 강안여자는 문자 그대로 얼굴이 강한, 그래서 수치를 모르는 여자를 일컫는 말입니다.

Story of 강안여자

제나라에 아주 못생긴 여자가 살았습니다. 세상에 둘도 없을 만큼 추녀였다고 하네요.

그 때문에 서른이 넘도록 결혼도 못하고 혼자 살고 있었습니다. 요즘 서른이야 여자가 한창 여쁠 나이이지만, 당시엔 여자 나이 서른이면 한창 중년에 이르는 나이였습니다.

그런 그녀가 어느 날 짧은 갈옷을 입고 선왕宣王이 있는 곳으로 가 만나 뵙기를 청했습니다. "군왕이 덕이 많다고 들었습니다. 그러니 왕이 저를 후궁으로 맞아들여 주시기를 바랍니다"라는 요구와 함께요. 그러자 왕은 "이자야말로 천하에서 가장 뻔뻔스러운 여자다"라고 말하며 주위 사람들과 함께 그녀를 비웃었습니다.

출전_신서新序

실생활에서는 이렇게 쓰인다

서민들의 살림살이에는 전혀 관심도 없이 그저 이권 다툼에만 열을 올리는 정치인들의 행태야말로 강안여자强顏女子와 다름없는 모습이다.

 Follower를 부르는 140자

맹자 가라사대 – 사람은 수치를 알아야 한다. 수치를 모르는 사람처럼 무서운 것은 없다. 수치를 부끄러워하는 마음이 있으면 그 사람은 수치스러움이 없는 사람이다.

술과 고기의 나날
酒池肉林 ^{주 지 육 림}

산처럼 쌓인 고기를 먹고, 연못을 가득 메운 술을 마셔봤자 결국 얻을 수 있는 것은 나태한 생활로 푸석푸석해진 피부와 툭 튀어나와 중력의 힘에 이끌려 늘어지는 뱃살, 그리고 성인병뿐이 아닌가요? 제아무리 많은 미인들을 곁에 두면 뭐하나요? 결국 죽을 때 관 속에 들어가는 건 나 하나뿐인데⋯. 헛되이 쓰는 시간과 돈도 아깝지만, 향락에 빠져 목숨까지 재촉하는 어리석음이 더욱 안타깝기만 합니다.

주지육림 : 술 주酒 연못 지池 고기 육肉 수풀 림林
술의 연못 고기의 숲

술로 연못을 이루고, 고기로 숲을 이룰 정도로 사치스러운 잔치를 일컫는 말로, 방탕하게 보내는 시간들을 비유하는 말이기도 합니다.

Story of 주지육림

고대 중국의 하나라 걸왕과 은나라 주왕은 모두 주색을 탐하다가 결국 나라를 망친 폭군들입니다. 하나라 걸왕은 보석과 상아로 장식한 성을 짓고 옥으로 만든 침대에서 밤마다 미녀를 탐했으며, 궁정 한 모퉁이에 큰 못을 판 다음 그 못을 향기로운 술로 가득 채웠습니다. 걸왕은 절세미녀 말희와 함께 그 못에 호화로운 배를 띄워 놀았습니다. 결국 걸왕은 은나라 탕왕에게 나라를 빼앗기고 말았는데요, 은나라의 마지막 군주인 즈왕 역시 걸왕처럼 절세가인인 달기의 비위를 맞추기 위해 온갖 사치를 일삼았습니다. 그래서 주왕의 창고에는 백성들로부터 수탈한 돈과 곡식이 산처럼 쌓였고, 세상의 모든 귀한 물건들은 전부 주왕의 궁궐로 차출되어 갔습니다. 또한 주왕은 하나라 걸왕처럼 술과 고기로 주지육림을 만든 후 아름다운 남녀 무리들과 어울려 놀았습니다. 어떤 때는 그런 난잡한 잔치가 120일간이나 계속될 정도였죠. 이에 결국 주왕은 걸왕처럼 주나라 시조인 무왕에게 멸망하고 맙니다.

출전_사기史記

실생활에서는 이렇게 쓰인다

사장이 주지육림酒池肉林에 빠져 허우적거리는 동안, 회사 안에서는 그를 축출하려는 계획이 빠르게 진행되고 있었다.

 Follower를 부르는 140자

여자를 백 명 사귀었네, 술을 한 말을 마셨네···. 술과 여자를 밝히는 것은 사내다움의 증거라고 믿는 남자들이 많더군요. 하지만 주지육림에 빠지는 건 결국 자신이 얼마나 유혹에 빠지기 쉬운 나약한 사람인지, 얼마나 무절제한 사람인지 남들에게 광고하는 것이라 할 수 있습니다.

어리석은 도둑
掩耳盜鐘 엄 이 도 종

돈을 뺐었습니다.

시간도 뺐었습니다.

힘도 뺐었습니다.

적지 않은 상처도 남겼습니다.

적지 않은 눈물도 흘리게 했습니다.

언제나 걱정에 밤잠을 설치게 했습니다.

그런데도 끊임없이 더 내놔라, 더 해달라 조르기만 합니다.

세상에서 가장 어리석은 도둑,

자식이라는 이름의 도둑들입니다.

엄이도종 : 가릴 엄掩 귀 이耳 도둑 도盜 쇠북 종鐘

귀를 가리고 종을 훔치다

자신의 귀만 가리고선 남들도 듣지 못한다고 생각하고 큰 소리 나는 종을 훔치듯 어리석은 행동을 뜻하는 말입니다. 얕은 수로 남을 속이는 것을 의미하기도 합니다.

Story of 엄이도종

진晉나라에는 육경六經이라고 해서 주요 권력을 짊어진 6명의 중신이 있었습니다. 그 중 한 사람이 바로 범씨范氏인데요, 중행씨와 함께 다른 네 사람에 의해 망하고 말았습니다. 범씨가 망한 후 그 집의 귀한 종을 훔치러 들어온 자가 있었습니다. 하지만 종이 너무 무거워 짊어지고 갈 수가 없자 그는 종을 깨어 조각을 내서 가져가기로 했습니다. 하여 망치로 종을 내려치자 큰 종소리가 나고, 이를 듣고 다른 사람들이 몰려와 자기의 종을 빼앗아갈까 두려워한 그는 얼른 자신의 귀를 막았다고 합니다.

출전_여씨춘추呂氏春秋

실생활에서는 이렇게 쓰인다

도대체 뭐에 홀렸기에, 엄이도종掩耳盜鐘같은 짓을 저지른 것인가?

 Follower를 부르는 140자

도둑질 중에 바지가 흘러내려 잡힌 도둑, 보안 CCTV를 훔치다 테이프를 남겨 걸린 도둑, 도둑질한 곳에 신분증을 흘려 잡힌 도둑 등 멍청한 도둑들의 이야기는 언제 들어도 재미있습니다. 여러분들이 알고 있는 멍청한 도둑 이야기를 들려주세요.

작은 도둑과 큰 도둑
梁上君子 _{양 상 군 자}

가난하지만 유난히 정 좋은 부부가 있었다.

어느 날 그 집에 도둑이 들었다. 두려움에 떨며 부부가 말했다.
"우리는 가난해서 훔쳐갈 게 없다오." 도둑은 말 없이 초라한 세간
을 둘러보더니 오히려 돈을 꺼내 주고는 홀연히 떠났다. 며칠 후,
부부의 집에 다시 도둑이 들었다. 부부는 말했다. "여전히 가난하
니 훔쳐갈 게 없다오." 그러자 도둑은 다시 돈을 꺼내 주고 떠났
다. 한참 후 그 집에 다시 도둑이 들었다. 전날의 도둑이라 반가운
마음에 남편은 '이번에는 또 얼마나 많은 돈을 주고 갈 것인가' 기
대하며 애써 자는 척을 했다. 도둑은 전날에 비해 살만해진 세간
을 둘러보더니 아무 말 없이 돌아 나섰다. 그때 자는 척하던 아내
가 벌떡 일어나 도둑에게 애원했다. "남편보다 서방님이 더 좋습
니다. 서방님과 함께 가고 싶습니다." 아연실색한 남편을 두고 아
내와 도둑은 함께 길을 떠났다. 그 후로 오랫동안 남편은 "돈 훔치
는 작은 도둑보다 사람 훔치는 큰 도둑이 더 무섭구나"며 땅을 치
고 후회했다.

> **양상군자** : 들보 양梁 위 상上 임금 군君 아들 자子
> 들보 위의 군자
>
> 도둑을 점잖게 이르는 말입니다.

Story of 양상군자

후한에 진식이라는 청렴결백한 학자가 살았습니다. 어느 밤, 그는 잠을 자던 중 천장 들보에서 나는 소리를 듣고 도둑이 들어왔음을 알고는 집 안에 있는 모든 아들과 손자들을 불러들여 훈계를 했습니다. "사람은 스스로 노력해야 한다. 그러지 않으면 저 대들보 위에 숨어있는 군자처럼 되기 쉽다." 이에 도둑이 놀라 들보 위에서 내려와 진식 앞에 무릎을 꿇고 용서를 빌었습니다. 다시는 도둑질을 하지 않겠노라고 맹세도 했죠. 이에 진식은 조용히 타이른 후에 비단 두 필까지 주어 도둑을 방면했습니다.

출전_후한서後漢書

실생활에서는 이렇게 쓰인다

자신의 동네 턴 간 큰 양상군자梁上君子 잡혀……
대전시 OO경찰서는 지난 12일, 자신이 거주하는 동네 금은방에서 금반지와 현금 3000여 만 원을 훔쳐 달아난 범인을 검거했다.
후략

– 2010년 모 일간신문 사회면 중에서

 ## Follower를 부르는 140자

눈에 보이는 양상군자보다 더 무서운 건 눈에 보이지 않는 도둑들이겠지요. 돈이나 재산을 훔쳐가는 도둑들보다 미래를, 미래에 대한 희망을 뺏어가는 도둑이 더 무서운 법입니다.

진심이 더 배불러
嗟來之食 <small>차 래 지 식</small>

몇 년 전, 인터넷상에서 화제가 된 일이 있습니다. 모 유명 연예인이 아프리카 빈곤 지역에 가서 봉사활동을 하고 화보를 찍은 일이 있었는데, 실상 알고 보니 봉사를 한 게 아니라 화보에 맞춰 연출된 포즈만 찍고 왔다는 이야기였죠. 소문의 당사자가 찍은 화보를 보니 봉사활동 중인데도 혼자서만 뽀얀 화장에 가식적인 미소, 그리고 현지인들의 떨떠름한 표정이 담겨있더군요. 생색내듯 행한 봉사활동과 마지못해 나눠준 구호품이 얼마나 큰 도움이 됐을지도 모르겠지만 마음이 담기지 않은 나눔은 오히려 행하지 않음만 못하다는 것을, 오히려 받는 이에게는 굴욕적일 수도 있다는 것을 왜 그 연예인은 몰랐던 것일까요?

차래지식 : 탄식할 차嗟 올 래來 어조사 지之 먹을 식食
야! 하고 부르면 와서 먹는 음식

탄식할 차嗟자는 감탄사로 '옛다!'라는 의미를 갖고 있습니다. 즉, 차래지식이란 '옛다 와서 이거 먹어라'라는 의미로, 상대를 아주 업신여겨 무례한 태도로 주는 음식을 뜻하는데요, 마음이 들어가지 않은 성금이나 의연금품에도 자주 쓰이는 말입니다.

Story of 차래지식

춘추시대, 어느 해 제나라에 큰 기근이 들었습니다. 어떤 부자가 음식을 캐다 길가에 벌여놓고 굶주린 사람들에게 나누어 주었죠. 어느 날 굶주림에 지쳐 걸음도 제대로 옮기지 못하는 이를 보고 부자는 왼손에는 밥, 오른손에는 마실 것을 들고 그를 불렀습니다. "이봐, 이리 와서 이걸 먹어라!" 당연히 그가 헐레벌떡 다가와서 먹고 마실 줄 알았건만, 남자는 뜻밖에도 부자를 노려보면서 이렇게 말했다고 합니다. "이런 차래지식嗟來之食을 먹지 않았기 때문에 내가 지금 이 꼴이 된 것이다! 이런 마음 없는 적선은 그만둬라!" 그렇게 호통을 친 남자는 뒤도 돌아보지 않고 걸어가다 마침내 쓰러져 죽고 말았습니다. 죽을 정도로 굶주렸지만 마음이 들어 있지 않은 선심에 자존심을 굽히지 않았던 거지요.

출전_예기禮記

실생활에서는 이렇게 쓰인다

이름을 밝히며 성금을 전달하는 생색내기식 차래지식嗟來之食이 싫어서 몰래 성금을 투척하는 익명 기부자들이 점점 늘고 있다.

 Follower를 부르는 140자

길고양이나 집을 잃은 강아지도 사람이 아무렇게나 내주는 음식에는 흥미를 갖지 않는다고 합니다. 진심을 알 수 없어 경계심이 생기기 때문이죠. 누군가를 돕고 싶은 마음이 있다면, 혹시 차래지식이진 않은지 먼저 되돌아봐 주세요.

참나 뭘 아신다고!
群盲撫象 군 맹 무 상

매끄러운 대화를 해나가기 위해 절대 언급해서는 안 되는 주제가 몇 가지 있습니다. 그 대표적인 것이 바로 '종교'입니다. 자칫 다른 종교를 가진 이들의 심기를 거스르게 되면, 대화가 설화舌禍로 번질 수 있는 가장 민감한 주제이기 때문이죠.

각각의 종교는 자기네 경전을 최고의 가치로 여기고, 그 가치에 맞는 생활양식을 습득해 가도록 이끕니다. 진심으로 다른 종교를 이해하기 위해 깊이 공부하지 않은 이상, 서로의 종교에 대해 이야기해봐야 '장님 코끼리 만지는 식'의 짧은 지식밖에 드러날 것이 없습니다.

그럼에도 우리 주위에는 자신의 종교만이 옳다는 자부심으로 너무나 쉽게 타인의 종교에 대해 함부로 말하는 이들이 넘쳐납니다. 자신의 시각에서 절대 선이라 보이는 것이 타인의 시각에서 보면 그저 '편협함' '고집'으로밖에 보이지 않음을 인정하고, 서로의 종교를 존중해주는 사회가 되면 좋겠습니다.

군맹무상 : 무리 군群 소경 맹盲 어루만질 무撫 코끼리 상象
여러 소경이 코끼리를 어루만지다

모든 사물을 자기가 아는 선에서만 판단하는, 좁은 식견을 이르는 말입니다.

Story of 군맹무상

인도의 경면왕 鏡面王이 어느 날 앞을 보지 못하는 소경들에게 코끼리가 어떤 동물인지 알려주겠다고 성 안으로 불러들였습니다. 그리고 코끼리를 끌어오- 소경들에게 만져보라고 명했습니다. 그 후 경면왕은 그들에게 물었습니다. "이제 코끼리가 어찌 생겼는지 알겠느냐?"

그러자 소경들은 각자 자신이 만져본 부위에 따라 코끼리의 생김새를 말했습니다.

"뾰족하고 단단한 것이 무와 같습니다." "딱딱한 돌처럼 생겼습니다." "길쭉하고 둥근 것이 절굿공이 같습니다." "커다랗고 넓적하니 널빤지같이 생겼습니다." "커다랗고 둥근 것을 보니 장독 같습니다." "가늘게 배배 꼬인 것이 흡사 새끼줄 같사옵니다."

각자 자신들이 만져본 상아와 코, 다리, 배, 꼬리 등에서 받은 인상으로 코끼리의 생김새를 말한 것입니다.

출전_ 열반경 涅槃經

실생활에서는 이렇게 쓰인다

군맹무상群盲撫象의 편견을 버리고 더 많은 사람들과 어깨를 맞대며 미래를 이야기하자.

 Follower를 부르는 140자

각 종교의 경서들은 하나의 책으로서만 봐도 재미있는 이야기들이 많습니다. 같은 가르침을 전해주는 부분도 있고요. 선입견이라는 벽만 없다면, 읽고 나서 **15cm** 하이힐을 신은 기분이 들기도 합니다. 세상을 조금 더 높은 곳에서 바라볼 수 있게 된 기분이죠.

철밥통은 안녕하신가요?
伴食宰相 ^{반 식 재 상}

웬만해서는 잘릴 일 없는 안전한 직장을 철밥통이라고 하죠.
철밥통의 특징은 다음과 같습니다.

1. 튀지 않는다.
2. 귀찮은 일에 나서지 않는다.
3. 자기 일이 아니면 건드리지 않는다.
4. 자기 일일 때도 책임범위를 최소화 한다.
5. 끝까지 자기 잘못을 인정 안 하되, 잘못이 밝혀질 때만 마지못
   해 사과한다.

어디서 많이 본 행동들 아닌가요?

반식재상 : 짝 반伴 먹을 식食 재상 재宰 서로 상相
곁에 모시고 밥을 먹는 재상

제 할 일을 하지 않고 자리만 차지하고 있는 무능無能한 재상宰相을 비꼬
아 이르는 말입니다.

Story of 반식재상

당나라 현종에게는 요숭姚崇이라는 현명한 신하가 있었습니다. 하루는 요숭이 병에 걸려 업무를 제대로 수행할 수 없게 되자, 노회신盧懷愼이라는 신하가 대신 업무를 보게 되었습니다. 노회신은 청렴결백하긴 하나, 그 능력이 부족하여 능숙하게 업무를 처리하지 못했습니다. 결국 노회신은 중요한 사안이 생길 때마다 요숭을 찾아가 상의하였는데요, 이후 사람들은 노회신을 가리켜 "자리만 차지하는 무능한 재상"이라는 뜻으로 반식재상伴食宰相이라고 비웃었다고 합니다.

출전_당서唐書

실생활에서는 이렇게 쓰인다

남의 잘된 밥상 위에 숟가락 얹으려는 반식재상伴食宰相도 문제지만, 올바른 인재 등용을 하지 않는 국정경영자도 반성해야 할 것이 아닌가!

 Follower를 부르는 140자

갑작스러운 물난리로 서울이 뒤집어졌습니다. 갑작스러운 폭우라고는 하나, 강우량에 비해 비 피해는 더 심각합니다. 하지만 누구 하나 나서서 자기 탓이라고 잘못을 인정하는 사람이 없네요. 높으신 분들이 자리보전에만 뜻을 두고 있는 건 아닌가요?

상황 : 명사

일이 되어 가는 과정이나 형편.
[비슷한 말] 정세(情勢).

왕조시대, 기나라에 꼬리에 꼬리를 무는 걱정에 잠시도 편안한 날을 보낸 적이 없는 사
있었습니다. 길을 걷고 있을 때는 하늘이 무너질까 걱정했고, 그게 무서워 집 안에 들어가면 땅
질까 두려워했습니다. 결국 그는 **온갖 걱정에 밤잠도 못 이루고**, 끼니도 거르는
게 몸져눕고 말았죠. 그때 그를 불쌍히 여긴 친구가 찾아와 말했습니다.
보게, 하늘은 절대 무너져 내릴 일이 없네." 하지만 걱정 많은 사람의 걱정은 그치지 않았습니다
진다면 해나 달, 별이 떨어지면 어떡하나?" 다시 친구가 말했습니다.
"해나 달, 별들도 모두 기(氣) 속에서 빛날 뿐이라네. 설령 떨어진다 해도
다칠 염려가 없으이. 이제 쓸데없는 걱정은 접어두게나."
친구의 위로에 마침내 걱정 많은 사람은 자신의 걱정을 조금 덜 수 있었습니다.

03
상황 狀況

새우의 꿈
間於齊楚 간 어 제 초

사회생활을 하다 보면 참 서러운 일이 많습니다.

내 탓도 아닌 일에 여기저기 치이기 일쑤라 밤이면 걸레짝처럼 너덜너덜해진 자존심을 부여안고 집으로 향할 때가 많습니다. 잘난 놈, 힘센 놈, 똑똑한 놈이 차고 넘치는 이 세상에 나란 존재는 어찌도 그리 초라하고 볼품이 없는지 한탄해봐도 현실은 달라지지 않더군요.

그래서 자꾸만 등은 굽어지고 머리는 땅을 향하게 됩니다. 세상의 잘난 고래들 사이에서 언제 등이 터질지 몰라 조마조마한 새우가 되어갑니다.

간어제초 : 사이 간 間 어조사 어 於 나라 제 齊 나라 초 楚
제나라와 초나라 사이에 위치하다

두 강자 强者 사이에 끼여 괴로움을 당하는 약자 弱者 를 이르는 말로, 우리 속담의 "고래싸움에 새우 등 터진다"는 말과 같은 의미입니다.

Story of 간어제초

전국시대, 강대국인 제나라와 초나라 사이에 낀 등나라는 약소국가인 까닭에 언제나 제나라와 초나라의 눈치를 볼 수밖에 없는 처지였습니다. 맹자가 등나라에 갔을 때 등문공은 맹자에게 물었습니다. "어떤 나라를 섬겨야 합니까?" 그러자 맹자께서 말씀하셨죠. "성을 정비하고 백성과 더불어 지키되, 백성들이 죽을 때까지 떠나지 말고 굳게 나라를 지키십시오. 허나 그렇게 하지 않으려면 빨리 나라를 떠나는 것이 좋습니다." 강대국의 눈치를 보며 나라를 유지하는 게 아니라 백성과 더불어 자력으로 존속할 방안을 강구하는 게 좋다는 이야기입니다.

출전_맹자孟子

실생활에서는 이렇게 쓰인다

임원진들 사이의 서로 다른 주장이 계속 부딪힐 경우 간어제초間於齊楚의 입장에 있는 평사원들의 동요가 걷잡을 수 없게 될 것으로 보인다.

Follower를 부르는 140자

바다를 누비는 당당한 새우가 되지 않을래요? 고래들 싸움에 등이 터지는 한이 있더라도, 넓고 푸른 바다를 포기하지는 말아요. 바다가 어디 고래들만의 세상인가요? 바다는 새우에게도 물벼룩에게도 플랑크톤에게도 똑같이 소중하고 아름다운 세상인 것을요. 굽어가는 허리를 한껏 펴서 우리도 이 아름다운 바다를 힘껏 헤엄쳐 보자고요.

어휴, 촌스러워
刻舟求劍 _{각 주 구 검}

세계적으로 인정받은 예술 회화나 조각품도 단지 나신이 노출되었다는 이유로 19금으로 규제되고 있습니다. 건강에 해롭다는 이유로 TV 화면에 담배는 이제 등장할 수 없는 존재가 되었고, TV에 등장하는 각종 제품들은 모양만 봐도 어떤 회사의 제품인지 뻔히 알만 하건만, 간접광고 금지라는 규제에 맞추기 위해 테이프로 일일이 상표를 가려야 합니다. 얼마 전에는 노래 가사 속에 '술'과 '담배'란 단어가 들어있다고 해서 '청소년 유해매체'로 규제되었다가 취소된 일도 있습니다. 1970년대도, 80년대의 일도 아닌, 밀레니엄도 10여 년 전에 훌쩍 지나간 오늘날의 대한민국 규제 실태입니다. 참 촌스럽습니다.

각주구검 : 새길 각刻 배 주舟 구할 구求 칼 검劍
배에 새겨 칼을 구하다

세상이 어찌 변하는지도 모르고 낡은 생각만 고집하는 태도를 비유해 쓰이는 말입니다. 판단력이 둔하고 융통성이 없는, 어리석고 미련한 이를 비웃는 말이죠.

Story of 각주구검

전국시대, 초나라의 한 젊은이가 양자강을 건너기 위해 배를 탔습니다. 배가 강 한복판에 이르렀을 때, 젊은이는 실수로 손에 들고 있는 칼을 강물에 떨어트리고 맙니다.

"어이쿠! 이걸 어쩐다!" 젊은이는 부랴부랴 허리춤에서 짧은 검을 꺼내들고 칼을 떨어트린 그 뱃전을 긁어 표시를 해두었습니다. 이윽고 배가 나루터에 닿자 그는 옷을 벗어던지고 표시가 있는 뱃전 밑 강물로 뛰어들어 칼을 찾기 시작했습니다. 구경하는 사람들은 모두 젊은이의 어리석음을 비웃을 수밖에 없었습니다.

출전_여씨춘추呂氏春秋

실생활에서는 이렇게 쓰인다

아이들이 필요로 하고 요구하는 교육의 질은 점점 높아지고 있지만, 우리의 교육 현실은 시험 답변 위주의 각주구검刻舟求劍식 교육 행태를 탈피하지 못하고 있다.

 Follower를 부르는 140자

인터넷을 조금만 할 줄 알면 갖가지 규제들이 너무나 쉽게 뚫리는 세상입니다. 청소년 유해매체를 지정하려면 아예 인터넷을 금지해야 합니다. 실속도 명분도 없는, 그저 꽉 막힌 공무원들의 각주구검식 발상, 어떻게 쿨하게 바뀔 순 없을까요?

21세기 신데렐라
野鼠之婚 야 서 지 혼

2011년, 영국 왕위 계승 서열 2위 윌리엄 왕자의 결혼식이 있었습니다. 왕자비가 된 케이트 미들턴이 평민 출신인지라 또 한 명의 '신데렐라 탄생'이라며 많은 화제를 모았죠.

하지만 케이트는 결혼에 이르기까지 많은 눈물을 흘려야 했는데요, 무려 10년이 넘는 시간을 왕자비가 되기 위해 기다려야 했습니다. 그 이유는 그녀가 평민 출신이었기 때문입니다. 실제로 결혼 직전까지도 영국 내에서는 사업을 하는 케이트의 부모님과 광부였던 케이트의 조부를 걸고넘어지는 이들이 많았을 정도로, 귀족이 아닌 평민 출신인 그녀의 가계를 문제 삼은 이들이 많았다고 합니다. 그 모든 반대를 이겨내고, '동류는 동류와 맺어져야 한다'는 21세기에도 여전한 계급사회의 통념을 깨고 왕자와의 결혼에 성공한 그녀에게 축하의 박수를!

야서지혼 : 들 야野 쥐 서鼠 어조사 지之 혼인할 혼婚
들쥐의 결혼

들쥐에게는 들쥐가 가장 좋은 배필이라는 뜻으로, 동류는 동류끼리 가장 잘 어울린다는 의미입니다.

Story of 야서지혼

옛날, 어느 두더지가 제 자식의 혼처를 고르기 위해 고심에 고심을 했습니다. 처음에는 세상에서 가장 높은 하늘을 맞이하고자 하였으나, 하늘은 "니게 해와 달이 없다면 나의 덕을 나타낼 수 없다"며 사양했습니다. 다시 해와 달에게 가서 혼인의 의사를 물으니 "구름이 나를 가리니, 구름이 나보다 높다"며 사양했습니다. 이후 구름은 "바람이 더 강하다"고, 바람은 "나도 넘어뜨릴 수 없는 밭의 돌부처가 더 강하다"고, 돌부처는 "두더지가 발밑을 뚫으면 나도 넘어질 수밖에 없다"며 사양했습니다. 이에 그 두더지는 "천하에서 우리가 가장 강한 존재구나"하고 기뻐하며 두더지를 자식의 배필로 정했다고 합니다.

출전_순오지句五志

실생활에서는 이렇게 쓰인다

신데렐라 결혼이나 온달 장가보다, 어쩌면 야서지혼野鼠之婚이야말로 행복한 가정의 조건에 더 어울리는 결혼이 아닐까?

 ## Follower를 부르는 140자

부모님들은 흔히 "끼리끼리 만나는 것이 최고다."라는 충고를 하십니다. 단순히 같은 계급, 신분의 상대를 찾으라는 충고가 아니라, 자신과 공통분모가 많은 이들을 찾으라는 조언입니다. 닮은 부분이 많을수록 부딪히는 부분이 적어진다는 믿음 때문이죠.

걱정도 팔자!
杞人之憂 _{기 인 지 우}

걱정인형을 아시나요?

과테말라의 고산지대에 사는 인디언들은 걱정이 많아 잠을 잘 자지 못하는 아이들에게 직접 걱정인형을 만들어 주었다고 합니다. "네 걱정을 인형에게 말하면, 인형이 네 걱정을 대신 해줄 거야." 어른들의 말에 아이들은 걱정인형에게 자신의 고민을 털어놓고 가벼운 마음으로 잠을 이룰 수 있었다고 합니다. 그런데 인디언들은 왜 걱정인형을 탄생시켰을까요? 단순히 잠 못 드는 아이가 안쓰럽고 불쌍해서였을까요? 그보다는 사소한 걱정으로 머뭇거리지 말고 좀 더 씩씩하게 자신만의 세상을 개척해 나갈 것을 바란게 아니었을까요?

기인지우: 나라 이름 기杞 사람 인人 갈 지之 근심 우憂
기나라 사람의 근심

쓸데없는 걱정, 사소한 걱정, 불필요한 근심 등을 이르는 말입니다.

Story of 기인지우

주 왕조시대, 기나라에 꼬리에 꼬리를 무는 걱정에 잠시도 편안한 날을 보낸
적이 없는 사람이 있었습니다.

길을 걷고 있을 때는 하늘이 무너질까 걱정했고, 그게 무서워 집 안에 들어
가면 땅이 꺼질까 두려워 했습니다. 결국 그는 온갖 걱정에 밤잠도 못 이루
고, 끼니도 거르는 바람에 몸져눕고 말았죠. 그때 그를 불쌍히 여긴 친구가
찾아와 말했습니다.

"여보게, 하늘은 무너지지 않는다네. 하늘은 기氣로 꽉 차 있어서 절대 무너
져 내릴 일이 없네." 하지만 걱정 많은 사람의 걱정은 그치지 않았습니다. "그
렇다면 해나 달, 별이 떨어지면 어떡하나?" 다시 친구가 말했습니다. "해나
달, 별들도 모두 기氣 속에서 빛날 뿐이라네. 설령 떨어진다 해도 다칠 염려
가 없으이. 땅도 마찬가질세. 흙으로 쌓인 땅은 꺼질 걱정이 없으니 이제 쓸
데없는 걱정은 접어두게나." 친구의 위로에 마침내 걱정 많은 사람은 자신의
걱정을 조금 덜 수 있었습니다.

출전_열자列子

실생활에서는 이렇게 쓰인다

결혼할 사람도 만나기 전에 시집살이 걱정부터 하는 건 기인지우
杞人之憂 아냐?

Follower를 부르는 140자

'걱정도 팔자'라는 말이 있죠. 이 팔자(八字)라는 말을 팔자(Sale)라는 의
미로 바꿔보면 어떨까요? 사소한 걱정 따위는 꼭 필요한 사람에게 팔아넘
기자는 뜻에서지요. 자신에게는 걱정거리인 일이 다른 사람에게는 의외
로 부러운 일이 되는 경우도 있으니까요.

겸손과 순서
登高自卑 _{등 고 자 비}

산을 아는 이들은 말합니다. 산은 오른 만큼 그 깊이와 아름다움을 이해할 수 있다고. 스카이라운지에서 멀리 바라다보이는 산의 절경을 즐긴다고 해서 산을 안다고 말할 수 없는 것처럼, 산은 스스로 땀방울을 흘리며 한 발자국 한 발자국 올라서야만 그 진정한 아름다움과 의미를 배울 수 있기 때문이지요. 그래서 산 앞에서는 누구나 겸손해야 한다고도 말합니다. 산은 힘이 있다고 해서 무조건 뛰어 올라 정복할 수 있는 곳이 아니고, 지름길을 안다 하여 누구나 쉽게 올라갈 수 있는 곳이 아니니까요. 자신이 가진 힘을 알고, 스스로 페이스를 조절하는 현명함을 지닌 사람만이 산의 구석구석이 보여주는 자연의 표정을 즐기게 되고, 산이 허락하는 산꼭대기의 아름다움을 볼 수 있을 테니까요.

등고자비 : 오를 등**登** 높을 고**高** 스스로 자**自** 낮을 비**卑**
높은 곳에 올라가려면 낮은 곳에서부터 오른다

등고자비는 흔히 두 가지 뜻으로 쓰이곤 합니다.
높은 자리에 오를수록 스스로의 몸을 낮추라는 '겸손'의 의미로 자주 쓰이고, 높은 곳에 오르려면 낮은 곳에서부터 올라가야 하듯 일을 할 때는 '순서'가 중요하다는 의미로도 쓰이곤 하죠. 어떤 의미든 사회를 살아가는 데 있어 꼭 필요한 자세일 것입니다. 여러분은 겸손과 순서, 어느 쪽에 더 큰 의미를 부여하실 건가요?

96

story of 등고자비

중국의 '사서오경' 중 하나인 중용에는 이런 구절이 있습니다.

君子之道 譬如行遠必自邇 譬如登高必自卑
(군자지도 비여행원필자이 비여등고필자비)

'군자의 도는 무릇 가까운 곳에서 먼 곳에 이르는 것과 같고, 낮은 곳에서부터 높은 곳에 이르는 것과 같다'는 뜻입니다.

출전_중용中庸

실생활에서는 이렇게 쓰인다

"유망 중소기업을 선택해 커리어를 쌓으면서 단계적인 발전을 꾀하는 '등고자비登高自卑'의 전략으로 취업문을 뚫어야…"
– 모 경제신문 취업전략 중에서–

 ## Follower를 부르는 140자

등고자비가 말하고자 하는 뜻은 '겸손하고 성실하게, 하지만 순리적인 삶'을 살아야 한다는 것입니다. 자만하지 말고, 또 성급히 오르려 하지 말고 자신의 발로, 한 발 한 발 디디며 올라가는 삶이야말로 바람직하다는 이야기죠. 성공지상주의가 판치는 사회에서 명심해둬야 할 맑은 문구입니다.

긁어 부스럼
無病自灸 무 병 자 구

삼일절이나 광복절이 다가오면 일본의 인터넷 사이트인 2ch의 유 저들과 국내 인터넷 사이트 디씨인사이드의 네티즌들은 사이버 한일전을 열곤 합니다. 거창하게 사이버 한일전이라고 해도 결국 은 사용자들이 제대로 사이트를 이용하지 못하도록 하는 것뿐인 데요, 처음에는 해프닝이었던 일들이 시간이 갈수록 점점 자존심 싸움으로 확대되어 가고 있습니다. 여기에 직접 관여하지 않는 네 티즌들도 "둘 다 병신 같지만, 이왕이면 이기는 병신이 되어라!"며 응원을 하곤 하죠. 그런데 이런 사이버 한일전이 과연 무슨 의미 가 있을까요? 이긴다고 해서 우수함이 증명되는 것도 아니고, 진 다고 해도 크게 달라질 것도 없습니다. 그저 싸움에 참가한 이들 의 자존심에 작은 상처만 날 뿐이지요. 거기다 시간이 갈수록 악 화일변도로 달리고 있는 한일관계에도 그 어떤 도움이 되지 못합 니다. 괜한 일에 힘 빼기보다는 좀 더 건강한 싸움에 전력투구해 보면 어떨까요?

> **무병자구** : 없을 무無 질병 병病 스스로 자自 뜸 구灸
> 없는 병에 스스로 뜸하다
>
> 아프지도 않는데 괜히 뜸질해 봐야 본인만 뜨겁고 힘들 뿐이죠. 무 병자구는 이처럼 불필요한 노력을 하여 정력을 낭비하는 것을 이르 는 말입니다.

Story of 무병자구

공자의 지인 유하계라는 이에게는 '도척'이라는 동생이 있었습니다. 도척은 온갖 포악한 짓을 일삼고, 부녀자를 희롱하는 도둑이었지요. 공자는 그의 악행이 그 스스로는 물론 유하계의 수치임을 알고 도척을 설득하러 찾아갑니다. 하지만 도척은 공자의 방문에도 눈 하나 깜박 않고 오히려 그를 칼로 위협하며 꾸짖습니다. 그러자 공자는 상대를 설득하기는커녕 놀라 빠른 걸음으로 도망쳐 나오기에 급급했습니다. 공자가 집으로 돌아오던 길에 유하계를 만나 도척에게 갔던 일을 이야기하자 유하계는 "제가 말했던 것처럼 전혀 말을 들어먹지 않죠?"라고 물었습니다. 이에 공자는 "그렇소. 아프지도 않은데 스스로 뜸을 뜬 형국으로, 괜히 호랑이의 머리를 건드리고 수염을 만지다가 하마터면 호랑이에게 먹힐 뻔했소이다"라며 한숨을 쉬었다고 합니다.

출전_장자莊子

실생활에서는 이렇게 쓰인다

자신도 없이 남의 말싸움에 끼어드는 건 무병자구無病自灸 같은 짓이다.

 Follower를 부르는 140자

> 높으신 분들의 전시행정만한 낭비가 또 있을까요? 꼭 필요한 부분에도 예산이 부족한 마당에, 겉보기에 그럴 듯한 치적을 남기기 위해 막대한 시간과 돈을 허비합니다. 기껏 공들여봐야 사람들에게 비웃음을 살 뿐인걸요. 이런 걸 일러 긁어 부스럼이라고 하지 않을까요?

난장판은 이제 그만!
阿修羅場 ^{아 수 라 장}

2011년 여름, 영국은 지독한 몸살을 앓았습니다. 대규모의 청년 폭동으로 수도 런던을 비롯해 제2도시인 버밍엄, 리버풀, 브리스틀 등 유명 도시 대부분이 난장판이 되었기 때문입니다. 청년실업 및 빈부 격차에 앙심을 품은 빈민가 출신의 10~20대 청년들이 방화를 저지르며 상점가를 습격하는 데 그치지 않고, 죄 없는 일반 시민들에게까지 행패를 부려 전 세계인의 지탄의 대상이 되었습니다. 특히 이들은 SNS를 통해 서로 메시지를 주고받으며 경찰의 단속을 피해 게릴라식 폭동을 일으켰죠. 그들이 털고 지나간 상점가는 흡사 전쟁터와 다름없는 참담한 모습이었습니다. 폭동이 진정되고, 거리가 본래의 모습을 되찾더라도 이번 사태가 남긴 기억은 오랫동안 영국인들에게 아픈 상처로 남을 것 같습니다.

아수라장 : 언덕 아阿 닦을 수修 그물 라羅 마당 장場
아수라의 싸움터

어지러운 분란과 험한 싸움이 일어나 난장판이 된 곳, 혹은 싸움터를 가리키는 말입니다.

Story of 아수라장

고대 인도 신화 속의 아수라왕은 얼굴이 셋이고 팔이 여섯인 괴물의 형상을 하고 있는 신神이었습니다. 전쟁의 신으로도 불릴 정도로 유난히 호전적인 성품 탓에 그가 가는 곳에는 언제나 싸움이 끊이질 않았다고 하는데요, 그가 치른 싸움터에는 시체가 마치 산처럼 겹겹이 쌓여 있곤 했답니다. 그는 정의의 상징인 하늘과 맞서는 악신으로, 하늘의 신과 아수라가 맞서 싸울 때 아수라가 이기면 빈곤과 재앙이 오고, 하늘의 신이 이기면 평화와 번영이 온다고 했습니다.

출전_불경佛經

실생활에서는 이렇게 쓰인다

쓰나미가 휩쓸고 지나간 듯한 아수라장阿修羅場 속에서도 자식을 위하는 어머니의 모정은 빛났다.

Follower를 부르는 140자

유일하게 아수라왕을 이길 수 있는 신인 제석천(帝釋天)은 아수라와의 싸움에 나서는 신들에게 아수라장을 막을 수 있는 방법을 알려주었습니다. 그것은 바로 '마음의 평정'을 유지하는 일입니다. 혼란 속에 휘말리지 않도록 스스로 중심을 잡기 위해서죠.

말보다 빠른 말
駟不及舌 ^{사 불 급 설}

트위터에는 RT^{리트윗}, RE TWEET의 약자가 있습니다. 트위터를 사용하는 트위터리안들은 다른 이가 트윗으로 올린 정보와 발언을 다시한 번 다른 이에게 알리기 위해 RT를 하곤 하는데요, 예를 들어 @seoungju라는 트위터리안이 '음식점 OO는 절대 가지 마세요. 잔반 재활용 목격했음'이라는 트윗을 올리면, 이 트윗을 본 이들은 다른 이에게도 정보를 전달하기 위해 RT를 하게 됩니다. 예를 들면 이런 식이죠. "으웩, 절대 가지 말아야겠네요. RT @seoungju : 음식점 OO는 절대 가지 마세요. 잔반 재활용 목격했음"

이런 RT의 속도는 상상 외로 빨라서, 민감한 이슈나 발언이 트위터에 올라오게 되면 순식간에 셀 수도 없이 많은 RT가 생성되곤 합니다. 그 때문에 트위터 상의 실언이나 잘못된 정보들은 단순히 개인의 말실수에 그치지 않고 더 큰 문제로 불거지는 경우가 많습니다. 그 파급력을 생각해서 트윗도 신중히 작성해야겠습니다.

사불급설 : 사마수레 사駟 아닐 불不 미칠 급及 혀 설舌
네 마리 말이 끄는 수레도 혀에는 미치지 못한다

소문은 빠른 속도로 순식간에 퍼지니 말을 삼가라는 뜻입니다.

Story of 사불급설

위나라의 극자성棘子成이라는 이가 언변과 세상의 이치에 뛰어난 자공子貢에게 물었습니다. "군자는 그 바탕만 있으면 되지, 어찌해서 문文이 필요합니까?" 그러자 자공이 답했습니다. "안타깝소. 그대의 말은 군자답지만, 네 마리 말이 끄는 사마수레도 혀에는 미치지 못하는 법이오. 만약 문文이 질質과 같고 질이 문과 같으면, 그것은 마치 호랑이 가죽과 표범 가죽을 개가죽이나 양가죽과 같다고 보는 이치와 같소."

출전_ 논어論語

실생활에서는 이렇게 쓰인다

경제가 불안정할 때는 정치권 인사들의 한 마디 한 마디가 사불급설駟不及舌이다. 시장 경제를 쥐고 흔드는 그 가벼운 입들을 경계해야 한다.

 Follower를 부르는 140자

자신의 트윗이 RT를 많이 만들게 되면, 그만큼 팔로워 수를 늘리는 데 효과적이라 합니다. 그래서 트위터리안 중에는 일부러 RT 생성을 위해 더 자극적으로, 더 센 발언을 일삼는 사람들도 적지 않습니다. 그렇게 만든 팔로워가 어떤 의미가 있는지 궁금하네요.

아, 억울해!
殃及池魚 _{앙 급 지 어}

2011년 3월 일본대지진의 여파로 후쿠시마 원전이 폭발함에 따라 상당량의 방사능이 누출되었습니다. 처음 대지진과 쓰나미가 일어났을 때만 해도 우리나라에서도 'SAVE THE JAPAN' 운동까지 일어났었는데요, 마냥 안쓰럽게만 보고 있다 뜻하지 않은 방사능 누출 뉴스에 우리나라 국민들까지 방사능 걱정을 해야 하는 처지가 되었습니다. 일본 본토까지의 거리가 멀다고 마냥 안심하고 있을 수만은 없었습니다. 오염된 일본 바다의 물고기들이 국산으로 둔갑해서 팔리기도 하고, 방사능의 위험에서 백퍼센트 안전한지 확신할 수 없는 일본산 제품들이 여전히 국내로 들여오고 있는 상황이기 때문입니다. 안일한 대처로 사태를 키운 일본 때문에 우리 국민들까지 방사능을 걱정해야 한다니, 참 억울하네요!!

앙급지어 : 재앙 앙殃 미칠 급及 연못 지池 물고기 어魚
재앙이 연못의 물고기에게 미침

재난이 뜻하지 아니한 곳까지 미쳐, 이유 없이 재앙을 당하는 것을 비유하는 말입니다.

Story of 앙급지어

춘추 전국 시대 때, 초나라 성문에 불이 붙었습니다. 사람들은 그 불을 끄기 위해 성문 바로 옆의 연못에서 물을 퍼다 날랐습니다. 다행히 불은 꺼졌지만, 그 바람에 연못의 물이 모두 없어져, 결국 물고기들이 모조리 말라죽고 말았다고 합니다.

출전_ 여씨춘추呂氏春秋

실생활에서는 이렇게 쓰인다

그가 갑작스레 대기발령을 받은 것은, 사내 높으신 분들의 당파 싸움으로 인한 앙급지어殃及池魚인 셈이다.

 Follower를 부르는 140자

앙급지어를 우리 속담으로 표현하면, 아닌 밤중에 홍두깨라고도 하고, 괜한 불똥이 튀었다고도 합니다. 내게는 아무 잘못이 없음에도 억울하게 피해를 당하는 상황을 이르는 말입니다. 단지 일본의 이웃에 있다고 해서 앙급지어를 당하는 어이없는 일은 이제 두 번 다시 없었으면 합니다.

아주 특별한 인연
三生有幸 ^{삼 생 유 행}

드라마 〈공주의 남자〉는 1873년 서우영이 저술한 『금계필담』에서 그 모티브를 따온 내용입니다. 조카를 내몰고 임금 자리에 올라 기어이 조카를 죽음으로까지 내몬 자신의 아버지 세조에게 입바른 소리를 하다 위험에 처한 딸은 어머니의 도움으로 간신히 도망을 치게 됩니다. 공주는 산 속에서 헤매다 우연히 발견한 오두막에서 하룻밤 묵기를 청합니다. 오두막의 주인은 수려한 용모에 행동거지도 반듯한 청년으로, 두 사람은 이내 사랑에 빠지고 혼인을 하여 아들까지 낳게 됩니다. 그 후 공주가 비로소 자신이 세조의 딸임을 고백하자, 남편도 긴 탄식을 늘어놓으며 자신은 바로 세조의 손에 집안이 망한 김종서의 손자임을 고백하게 됩니다. 비극적인 인연에 놀란 두 사람은 세상 사람들 모르게 숨어살기를 자청했는데요, 오랜 시간이 지난 뒤 피부병으로 고생하다 온천을 찾아 내려온 세조를 만나게 되고, 자신의 잘못을 반성하고 있던 세조에게 비로소 정식 부부로서 인정받게 되었다고 합니다.

> **삼생유행** : 석 삼三 날 생生 있을 유有, 행복할 행幸
> 삼생의 행운이 있다
>
> 세 번 태어나는 행운이 있다는 뜻으로, 아주 특별한 인연이 있음을 이르는 말입니다.

Story of 삼생유행

중국에 원택이라는 유명한 승려가 있었습니다. 어느 날, 그는 친구와 함께 여행을 하다 우연히 만삭이 된 어느 부인을 보게 됩니다. 그러자 원택이 친구에게 말했습니다. "3일 지나면 저 부인이 아이를 낳을 텐데, 그 아이가 바로 나라네. 그 13년 뒤 중추절 밤에 항주杭州의 천축사天竺寺에서 자네를 기다릴 테니 우리 그때 다시 만나세." 친구는 그 말에 웃을 수밖에 없었죠. 고약한 농담이라고 생각했으니까요. 하지만 3일 후, 친구는 원택이 입적했다는 소식을 듣고 놀라 혹시나 하는 마음에 만삭이었던 여인의 집을 찾아갑니다. 그리고 갓 태어난 아이를 보자 아이가 그를 보고 미소를 짓는 게 아니겠습니까. 그제야 원택의 말이 모두 사실임을 안 친구는 그로부터 13년 후 그가 말한 대로 약속장소인 천축사를 찾아갑니다. 그가 막 절 앞에 도착했을 때, 어느 목동이 절로 들어서며 "삼생의 인연으로 맺어진 영혼인데, 정든 사람이 멀리서 찾아왔네"라는 시를 읊었다고 합니다.

출전_ 불경佛經

실생활에서는 이렇게 쓰인다

버스 안에서 소매치기를 잡아 준 청년이 알고 보니 친구의 남동생이었다. 삼생유행三生有幸의 인연이란 이런 것이 아닐까?

Follower를 부르는 140자

내가 만약 외로울 때면, 누가 날 위로해줄까요? 따뜻한 차 한 잔을 건네는 친구일 수도 있고, 가만히 어깨를 빌려주는 애인일 수도 있겠죠. 어쩌면 미처 생각지도 못한 삼생유행의 인연일 수도 있을 테고요. 여러분은 누구에게서 어떤 위로를 받고 싶나요?

약속에 목숨을 걸다
尾生之信 _{미 생 지 신}

동요에 이런 노래가 있죠?

"새끼손가락 고이 걸고 꼭꼭 약속해"

사실 약속할 때 새끼손가락을 거는 건 동서양이 모두 같은데요, 약속할 때 굳이 새끼손가락을 거는 이유는 무엇일까요? 예부터 동서양을 막론하고 새끼손가락은 기와 영혼, 정신과 연결되어 있는 손가락으로 봤기 때문인데요. 특히 스코틀랜드에서는 오래전부터 서로 새끼손가락을 접촉하면 마음이 통한다는 믿음으로, 중요한 흥정을 할 때 새끼손가락을 걸었다고 하네요. 이는 다시 말하면, 새끼손가락을 건 약속은 서로의 진심을 건 약속이란 뜻이 되겠지요.

미생지신 : 꼬리 미尾 날 생生 어조사 지之 믿을 신信
미생의 믿음

한 번 약속을 하면, 어떤 일이 있어도 꼭 그 약속을 지키고야 마는 것을 일컫는 말입니다. 흔히 고지식하고 융통성이 없음을 비유하는 말로 자주 쓰이죠.

Story of 미생지신

춘추시대, 노나라에 미생이란 사람이 살았습니다. 그는 무슨 일이 있어도 자신이 한 약속은 꼭 지키고야 마는 고지식한 사람이었습니다. 그런 그에게도 사랑하는 연인이 있었는데요, 어느 날 연인과 다리 밑에서 만나기로 약속을 했습니다.

그리고 먼저 나와 사랑하는 이를 애타게 기다렸건만, 무슨 까닭인지 그녀는 나타나지 않았습니다. 거기다 엎친 데 덮친 격으로 갑자기 장대비까지 쏟아지기 시작했죠. 개울물은 점점 불어났지만, 미생은 끝끝내 다리 밑에서 떠나지 않았습니다. 그녀를 기다리기 위해서였죠. 결국 미생은 다리를 끌어안은 채 불어난 개울물에 빠져 익사하고 말았습니다.

출전_ 사기史記

실생활에서는 이렇게 쓰인다

"세종시 논란을 둘러싸고 한나라당 정몽준 전 대표가 박근혜 전 대표의 융통성 없음을 '미생지신尾生之信'이라는 고사성어로 지적해 정치권의 논란이 가열되고 있다."
−2010년 1월 정치 뉴스 중에서

 ## Follower를 부르는 140자

매번 선거 때마다 정치인들은 다 함께 잘 사는 사회를 만들겠다고 숭고하기까지 한 약속들을 늘어놓죠. 하지만 막상 당선이 되고 나면 기억상실증이란 편리한 병에 걸려버리고 말더군요. 죽을 걸 알면서도 약속을 지킨 미생을 본받는 정치인 어디 없을까요?

엉덩이를 핥다
舐痔得車 _{지 치 특 거}

2011년 내내 대학가는 대학생들의 반값 등록금 투쟁으로 술렁였습니다.

한해 등록금 천만 원 시대! 학생과 학부모는 날로 치솟는 대학등록금에 등골이 휘건만, 대학들은 학생들의 고통은 외면하고 돈벌이에 급급합니다. 높은 입학 전형료, 특수대학원 설립, 부동산 투자 등 그 방법도 각양각색입니다. 학생들의 눈물을 뒤로 한 채 제뱃속 불리기에 바쁜 일부 대학들의 모습을 보면 남의 뒤를 핥아 돈을 버는 것만큼이나 미천하고 비루하게 보입니다.

지치득거 : 핥을 지 舐 치질 치 痔 얻을 득 得 수레 거 車
치질을 핥아 수레를 얻다

치질을 핥는다는 것은 속된 말로 '남의 똥구멍 핥기'란 뜻입니다. 목적을 위해 수단과 방법을 가리지 않고 미천한 일을 하고, 그로 인해 큰 이득을 얻는 것을 뜻하죠.

110

story of 지치득거

송나라의 조상曹商이 진나라에 사신으로 갔다 돌아온 후 진왕이 수레 백 대
를 준 것을 자랑했습니다. 그러자 장자는 "진나라 왕이 병이 나 의사를 불렀
을 때, 종기를 째고 고름을 짜낸 자에게는 수레 한 대를 주었고, 치질을 핥
아서 고쳐준 자에게는 수레 다섯 대를 주었다고 하더군. 치료하는 곳이 더
러울수록 수레 수가 늘어난다고 하던데, 자네는 어찌 치질을 핥았기에 그
많은 수레를 얻었는가?" 라며 비꼬았습니다.

출전_장자莊子

실생활에서는 이렇게 쓰인다

오랜만에 고향땅을 찾은 그의 두 눈에서는 뜨거운 눈물이 흘렀다.
오직 성공 하나만을 위해 지치득거舐痔得車해 온 지난날에 대한 후
회와 연민의 눈물이었을지도 모른다.

 ## Follower를 부르는 140자

일순간 자존심을 꺾으면, 잠시잠깐 양심을 외면하면 큰돈이 손에 들어온
다고 해서 남의 엉덩이를 핥아 수레를 얻는 지치득거를 할 수 있을까요?
순간의 치욕과 부끄러움은 사라진다고 쳐도 그 기억은 오랫동안 뇌리에
남아 자신을 괴롭힐 텐데요.

천리마도 짐말도 쓰기 나름
驥服鹽車 기 복 염 거

아무리 귀한 도자기라도 주인이 그 가치를 몰라주면 개밥그릇에 지나지 않는 법입니다. 실제로 예전에는 시골에서 간장종지며 개밥그릇으로 쓰이던 도자기가 보물로 발견되는 경우도 적지 않게 있을 정도입니다. 당신도 마찬가지입니다. 당신이 어떤 사람이건, 어떤 능력을 가졌건 그 능력을 알아보는 사람이 없다면, 그 능력을 활용할 기회를 갖지 못한다면 당신은 그저 평범한 사람으로 일생을 마치고 말 것입니다. 당신의 능력을 보여주세요. 당신의 능력을 활용하세요. 당신도 어쩌면 보물만큼이나 큰 값어치를 지닌 도자기이거나 천리마일지도 모릅니다.

기복염거 : 천리마 기 驥 복종할 복 服 소금 염 鹽 수레 거 車
천리마가 복종하여 소금 수레를 끈다

하루에 천리를 달릴 수 있는 천리마가 기껏 소금 수레나 끈다면 정말 어처구니없다고 할 수 있겠지요. 기복염거란 이처럼 재능 있는 사람이 자신의 능력에 어울리지 않는 미천한 일을 한다는 의미입니다.

112

Story of 기복염거

주나라의 백락은 말 감정의 최고수였습니다. 그가 준마로 인정한 말은 하루 아침에 그 값이 열곱절은 넘게 뛸 정도였죠. 어느 날 백락은 늙고 추레한 말한 마리가 소금수레를 끌며 힘겹게 고개를 올라가고 있는 모습을 발견합니다. 자세히 보아하니 그 늙은 말이 바로 천리마가 아니겠습니까. 그 모습에 백락의 마음은 찢어질 듯 아팠습니다. 무슨 사연인지, 하루에 천리를 달릴 수 있는 명마가 소금 수리나 끄는 말로 전락했으니까요. 천리마도 백락을 보고는 서러운 듯 울음을 터트렸죠. 자신의 신세를 한탄하듯 뜨거운 눈물을 뚝뚝 흘렸습니다. 그에 백락도 같이 울면서 자기가 입고 있던 비단옷을 벗어 말에게 덮어 주었습니다. 늙고 쇠락해버린 천리마에게 자신이 해 줄 수 있는 일은 고작 그 정도밖에 없었으니까요.

출전_전국책戰國策

실생활에서는 이렇게 쓰인다

교육과학기술부는 과학 인재를 발굴하고 활용하는 방안에 대해 충분히 심사숙고해야 한다. 기복염거驥服鹽車하는 일이 일어나지 않도록 핵심기술 개발과 함께 이 땅의 과학영재 육성에 깊은 관심을 기울여야 할 것이다.

 Follower를 부르는 140자

88만원 세대의 고행은 눈물 그 자체입니다. 수준 높은 대학교육을 받고서도 일자리가 없어 마트나 편의점의 계산대에 서 있는 모습에 가슴이 아립니다. 이 땅의 천리마들이 제각기 자신의 능력을 십분 발휘하여 넓은 들판을 질주할 수 있는 날이 빨리 왔으면 좋겠네요.

콜럼버스가 필요해
累卵之危 _{누 란 지 위}

2011년, 온 지구촌이 술렁였습니다. 미국과 유럽에서 시작된 경제 위기의 여파가 세계 각국에 밀려들었기 때문입니다. 이는 우리나라도 마찬가지입니다. 미국, 유럽발 재정위기가 한국의 실물 경제에도 영향을 주기 시작했는데요, 이 때문에 가계부채는 늘고 물가는 점점 더 올라갈 전망이라고 합니다. 여름에 있었던 미국의 신용등급 강등 뉴스가 전해졌을 때는 우리나라 경제가 단기간 큰 타격을 받기도 했습니다. 4일 만에 국내 증시의 시가총액이 무려 158조 5천억 원이나 감소했을 정도니까요. 증권사 직원들의 자살 소식도 연이어 들려왔고, 펀드가 반 토막 났다며 한숨짓는 사람들도 부쩍 늘었습니다. 전 세계적으로 불거진 문제이니 달리 뾰족한 방법이 없는 게 더욱 불안을 가중시켰는데요, 콜럼버스의 달걀처럼 이 문제를 짠—하고 쉽게 풀어낼 묘수는 없을까요?

> **누란지위** : 포갤 루累 알 란卵 어조사 지之 위태할 위危
> 포개놓은 알의 위태위태함
>
> 층층이 쌓아올린 알처럼 몹시 아슬아슬한 위기를 이르는 말로, 누란지세累卵之勢라고도 합니다.

Story of 누란지위

전국시대, 위나라의 한 가난한 집 아들로 태어난 범저라는 이는 말발과 글발로 세상에서 성공하려는 야심을 품고 있었습니다. 우연히 기회를 얻어 사신의 종자로 제나라를 방문할 기회를 잡은 그는 사신보다 더 주목을 받은 끝에 귀국 후 제나라와 내통한다는 누명을 쓰고 옥에 갇힙니다. 옥에 갇힌 그는 옥졸을 구워삶아 탈옥한 뒤 장록이라는 이름으로 개명하고 왕계라는 이의 도움으로 소양왕을 만날 수 있었습니다.

"전하, 장록 선생은 타고난 외교가입니다. 장록 선생이 이르기를 진나라의 정치가 알을 쌓아놓은 것처럼 위태롭다고 하니, 선생을 기용하면 국태민안할 것이옵니다." 그 말을 곧이 듣진 않았지만 한 사람의 인재가 아쉬운 까닭에 소양왕은 장록범저를 기용하는데요, 후에 장록은 먼 나라와는 친교를 맺고, 가까운 나라부터 공략하는 '원교근공책'이라는 책략을 내세워 진나라가 천하통일을 이루는 초석을 제공하게 됩니다.

출전_사기史記

실생활에서는 이렇게 쓰인다

대한건설협회는 정부가 발표한 '건설경기연착륙 및 주택공급 활성화 방안'이 업계에 다소 도움은 되겠지만 누란지위에 있는 건설산업을 회생시키는 데는 역부족일 것으로 평가한다고 밝혔다.

💬 Follower를 부르는 140자

계란 위에 계란을 쌓아둔 상황에서 계란을 깨뜨리지 않기 위해서는 무엇보다 흔들리지 않는 안정감이 필요합니다. 위기가 찾아와도 흔들리지 않고 중심만 잡는다면, 끔찍한 범죄자의 삶을 살다가 나라의 중신이 된 범저처럼 위기를 오히려 기회로 삼을 수도 있을 것입니다.

희망 : 명사
----
1. 앞일에 대하여 어떤 기대를 가지고 바람. [비슷한 말] 기망(冀望)·기원(冀願)·희기(希冀)·희행(希幸).
2. 앞으로 잘될 수 있는 가능성.

위해 공자에게 의논을 구했습니다.

에 공자는 자신은 "전쟁에 대해 아는 것이 없다"며 거절한 후 제자와 함께 서둘러 위나
떠나려 했습니다. 제자가 그 연유를 묻자 공자는 "현명한 새는 나무를 가려서 둥
튼다고 했다. 그러니 신하가 되려면 훌륭한 주군을 가려 섬겨야 하지 않겠느냐.'고 말했습니다
자의 사람됨이 주군으로 삼기에는 부족하다는 이야기였죠. 이에 그 이야기를 전해들은 곰문자는 황급히
공자의 귀국을 말렸습니다. "내가 딴 뜻이 있었던 것이 절대 아니라오. 다만 공의 의견을 물어보고 싶었
니 언짢게 여기지 말고 좀 더 머물러주시오." 이에 공자의 기분은 풀렸지만,

때마침 고향인 노나라에서 사람이 찾아와 귀국을 청하는 바람에 공자는 서둘러 노나라로 향했습니다.

자빠지지 마, 좌절하지 마 권토중래 공평한 기회 대신 공정한 기회 등용문

공부를 하고 싶어요 형설지공
기다림과 수련의 미학 대기만성
나를 키워줄 사람은 누구? 양금택목

모방은 창조의 어머니? 환골탈태
새로운 세상이 열리다 파천황

숨길 수 없는 재능 낭중지추
쓸모없는 건 없다 무용지용

얼마나 다정한 말인가요 호사다마
천 년만에 오는 기회 천재일우

어휴~, 큰일날 뻔했네 기사회생
큰 칼의 용도 우도할계
환상 속의 그대 매림지갈
이토 히로부미를
저격한 이유
곡돌사신

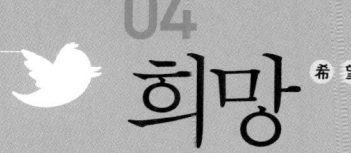

04

희망 希望

자빠지지 마, 좌절하지 마
捲土重來 권 토 중 래

A: 후우~~

B: 한숨이 왜 그렇게 길어? 무슨 일 있어?

A: ……우울해. 또 떨어졌어.

B: 다음에 더 좋은 데 이력서 내면 되지 뭐. 이번은 그냥 운이 안

좋았다고 생각해.

A: 위로해 주지 마. 더 비참해지니까. 그냥 술이나 마시러 가자.

어깨가 축 늘어지고, 땅이 꺼져라 길게 한숨을 내쉬는 친구에게
뭐라 위로하면 좋을까요? "다시 도전해 봐"라는 한 마디는 친구의
사정을 무시하고 그냥 등을 떠미는 것만 같은 느낌입니다. 그렇다
고 "이놈의 세상이 원수"라며 같이 거들다가는 그날 밤 홧술만 더
먹게 될 뿐이죠. 그보다는 차라리 효과적인 한 마디로 친구를 격
려해 보면 어떨까요?

> **권토중래** : 말 권捲 흙 토土 거듭 중重 올 래來
> 흙을 말면서 다시 오다
>
> 흙을 만다는 뜻은 흙을 빚는다는 뜻이 아닙니다. 흙먼지를 다시 일
> 으킨다는 뜻입니다. 즉, 권토중래라는 고사성어는 '흙먼지를 일으키
> 며 다시 온다'는 뜻인 셈이죠.

Story of 권토중래

항우와 유방은 불세출의 영웅으로 널리 알려져 있습니다. 항우는 한나라 유방과 해하에서 운명의 한판 승부를 펼친 뒤 패하자 오강烏江이라는 곳까지 도망치게 되는데요. 오강의 정장亭長은 강동이 비록 작은 땅이지만 오강을 건너가 그곳의 왕이 되어 후일을 기약하라고 충고합니다. 그러자 항우는 "하늘이 망하게 하는데 강을 건너가면 무엇하며, 함께 했던 수많은 젊은이를 죽게 했는데 내 어찌 그들의 부모형제를 볼 면목이 있겠느냐"며 거절한 뒤 자결을 택합니다. 항우가 죽은 지 천 년이 흐른 후, 당나라 말기의 시인 두목杜牧은 그 아쉬움을 담아 다음과 같은 시를 지었습니다.

> 승패는 병가도 기약할 수 없는 것이니,
> 수치를 안고 참을 수 있는 것도 바로 남아로다.
> 강동의 자제에는 뛰어난 인재도 많았으니,
> 흙먼지를 일으키며 다시 왔으면 승패를 알 수 없었을 텐데..

'항우가 다시 한 번 권토중래 를 했더라면 천하의 승패가 달라졌을 수도 있다'는 뜻을 담고 있습니다.

출전_제오강정題烏江亭

실생활에서는 이렇게 쓰인다

국회의원 선거에서 낙선한 김○○ 후보, "반드시 권토중래捲土重來 하겠다"고 천명해…
- ○○일보 정치면 기사 중

 Follower를 부르는 140자

실패를 두려워하고 아무 도전을 하지 않는 사람보다 더 어리석은 사람은 누구일까요? 바로 한 번의 실패에 모든 의욕을 잃고 권토중래할 용기조차 가지지 못하는 사람입니다.

공평한 기회 대신 공정한 기회
登龍門 _{등 용 문}

전 세계적으로 서바이벌 오디션 프로그램이 인기입니다. 평범한 소시민이 재능을 인정받고 성공하는 생생한 과정을 지켜보고 있노라면 언젠가 내게도 그런 인생역전의 기회가 올 것만 같아 짜릿하기 그지없죠. 하지만 결국 그 서바이벌 과정에서도 중요한 잣대가 되는 건, 재능이나 자질만이 아닌 특별한 인생 스토리나 그럴듯한 외양 같은 다른 조건들입니다. 그 때문에 심사나 결과의 공정성에 대한 이야기가 자주 나오곤 하죠. 이런 오디션 프로그램들은 많은 사람들에게 기회의 가능성을 열어준다는 긍정적인 측면을 갖고 있지만, 한편으로는 이런 즉흥적인 기회의 남발이 오히려 차근차근 앞길을 준비하고 있는 이들에게 허탈감과 박탈감을 안겨준다는 부정적 측면도 갖고 있습니다. 재능 있는 신인 등용에도 묘수가 필요한 때인 것 같습니다.

등용문 : 오를 등登 용 용龍 문 문門
용문에 들다

두 가지 뜻이 있습니다. '입신출세의 관문에 오르다'는 뜻과 '주요한 시험에 합격해 뜻을 이룬다'는 뜻인데요. 둘 다 궁극적으로는 일종의 '신분 상승'의 의미를 담고 있다고 할 수 있습니다.

Story of 등용문

후한시대, 환관들이 세력을 얻어 오히려 충신들이 그 뜻을 펼치지 못한 시절이 있었습니다. 그런 중에도 당상관 이응李膺은 환관의 권세에 굴하지 않고 자신의 주관을 밀고 나간 인물이었는데요, 그 때문에 주변 관리들에게 연망을 사 "천하에 모범될 자는 이응이다"라는 소리까지 들을 정도였습니다. 특히 젊은 관리들은 이응을 알게 되면 "용문에 오른 것 같다"며 자랑할 정도였죠. 여기에서 언급되는 '용문'은 사실 황하 상류의 유독 지세가 험하고 물이 급하게 흐르는 장소로, 급류가 강해 배가 다닐 수 없을 뿐더러 물고기들도 그 급류를 거슬러 올라갈 수가 없는 곳이었습니다. 그래서 물고기가 그 물을 거슬러 올라갈 수만 있다면 용이 된다는 전설에서 '등용문登龍門'이라는 단어가 생겨나게 되었습니다.

출전_ 후한서後漢書

실생활에서는 이렇게 쓰인다

신인 밴드의 등용문登龍門으로 명성이 높았던 홍대 클럽들이 속속 문을 닫음에 따라 '홍대문화'로 대변되는 젊음의 거리가 점점 먹자골목으로 변모하고 있다.

 Follower를 부르는 140자

왜 서바이벌 오디션에서는 늘 탤런트, 가수들만 뽑는 것일까요? 정치인이나 고위 공무원들이 서로의 자질을 겨루는 프로그램도 있었으면 좋겠네요. 다른 어떤 분야보다 젊고 유능한 신진 인재 등용이 절실한 분야니 말이죠. 문자 투표도 아끼지 않고 팍팍 쏠 텐데.

공부를 하고 싶어요
螢雪之功 형 설 지 공

아직도 우리 주위에는 공부를 하고 싶어도 공부할 수 없는 환경에 처한 어린이들이 많습니다.

특히 동남아시아나 기타 극빈국의 아이들이 노동을 착취당하면서 도 공부에 모든 희망을 걸고 천막학교에서 공부하는 모습을 보면, 가슴 속에 작은 우물이 만들어집니다.

가난 구제는 나라님도 못 구한다고 하지만 책 한 권, 연필 한 자루 가 너무도 간절한 그 아이들을 위해 희망의 손길을 내밀고 싶습니 다.

형설지공 : 반딧불 형螢 눈 설雪 어조사 지之 공 공功

반딧불과 눈빛의 공

어려운 역경 속에서 공부하여 이룬 공功을 일컫는 말로, 열악한 환 경 속에서의 공부를 비유하는 말로 자주 쓰입니다.

Story of 형설지공

진晉나라의 차윤車胤과 손강孫康은 모두 가난한 소년들이었습니다. 그 중에서 차윤은 어린 시절부터 매우 영특했지만, 집안이 너무 가난해 등불을 켤 기름조차 없었습니다. 그래서 밤에도 책을 읽고자 하는 욕심에 소년은 엷은 명주 주머니를 벌레통처럼 만들어 그 안에 반딧불을 한 움큼 집어넣어 거기서 나오는 빛으로 책을 읽었습니다. 훗날 차윤은 상서랑이라는 높은 벼슬까지 오르게 됩니다. 손강도 마찬가지입니다. 그 역시 등불을 켤 기름을 살 수 없을 만큼 가난한 집안의 아이였죠. 그래서 손강은 한겨울에 추위를 견뎌가며 창을 열어 몸을 내밀고 쌓인 눈에 반사되는 달빛으로 책을 읽었습니다. 그 결과 손강 역시 어사대부라는 관원을 단속하는 관청의 장관 지위에까지 오르게 되었다고 합니다.

출전_진서晉書

실생활에서는 이렇게 쓰인다

주경야독, 형설지공螢雪之功의 자세로 공부한 끝에 그녀는 꿈에도 염원하던 대학 졸업장을 손에 넣을 수 있었다.

 Follower를 부르는 140자

누군가가 그러더군요. 최선이란 다른 사람이 아닌 바로 자신에게 부끄럽지 않을 정도로 노력을 다한 사람만이 말할 수 있는 것이라고. 그런 점에서 보자면 형설지공의 이야기 속 차윤과 손강은 정말 최선을 다해 공부하고, 그 최선에 걸맞은 보답을 받은 것 같습니다.

기다림과 수련의 미학
大器晚成 대 기 만 성

성공에 목말라 하는 이들에게 위안이 되는 단어가 있다면 바로 '언젠가'일 것입니다.

"언젠가 내 노력도 보답 받을 수 있을 거야."

"언젠가 나도 성공할 수 있을 거야."

하지만 생각보다 그 '언젠가'는 쉽게 오지 않습니다. 큰 그릇은 늦게 된다는 고사성어를 믿고 기다려보지만, '언젠가'는 쉽게 손에 닿지 않습니다. 그래서 지쳐 나가떨어지면 그제야 다른 사람들이 자신이 그토록 원했던 '언젠가'에 도달하는 걸 보게 됩니다.

조금만 더 노력하고, 조금만 더 참고 기다렸으면 자신의 것이 되었을 그 성공을 말이죠.

대기만성 : 클 대大 그릇 기器 늦을 만晩 이룰 성成
큰 그릇은 늦게 이루어진다

크게 될 인물은 오랜 공적을 쌓아 늦게 이루어진다는 뜻으로, 늦게야 성공하는 일을 이르는 말입니다.

Story of 대기만성

삼국시대, 위나라에 최염崔琰이라는 장군이 있었습니다. 그는 풍채도 좋고 인망도 두터운데다 임금께서 신임도 받는 인물이었죠. 그와 달리 그의 사촌동생 최림崔林은 오모도 신통치 않고 출세도 못해서 늘 일가친척들에게 업신여김을 당했습니다. 하지만 최염만은 최림의 인물됨을 꿰뚫어보았습니다. "큰 종이나 솥은 그리 쉽게 만들지 못하는 법! 큰 인재도 그와 마찬가지라네. 최림은 대기만성형의 사람이니 훗날 반드시 큰 인물이 될 걸세"라며 늘 최림을 도와주었습니다. 그의 말대로 훗날, 최림은 천자天子를 보좌하는 삼공三公 중의 한 사람이 되었다고 합니다.

출전_노자老子

실생활에서는 이렇게 쓰인다

마흔이 다 돼가도록 돈 한 푼 못 벌던 그가 유명 영화배우가 될 줄이야 누가 알았겠어? 대기만성大器晚成이라더니 바로 그 사람 얘기네그려.

 Follower를 부르는 140자

시간은 기다리면 기다릴수록 더디 갑니다. 성공도 기다리면 기다릴수록 천천히 온다고 합니다. 기다리지 않고 자신의 일에 몰두하다 보면 어느새 시간이 성큼 발 앞에 와 있는 것처럼 성공도 그렇게 온다면 얼마나 좋을까요?

나를 키워줄 사람은 누구?
良禽擇木 _{양 금 택 목}

파벌싸움이 있는 건 정치권만이 아닙니다. 직장 내에서도 파벌이나 정치는 치열하기 그지없죠. 이러한 사내 정치, 사내 파벌 싸움 등은 한편으로는 직장인에게 만만치 않은 스트레스를 주지만, 다른 한편으로는 자신을 키워줄 수 있는 인연이나 상사를 만남으로써 새로운 희망을 갖게 되는 경우도 적지 않습니다. 특히 학연이나 지연 같은 파벌보다는 개인적 친분이 더 영향력을 발휘하는 만큼 사내 정치나 사내 파벌 싸움을 통해 어떤 상사, 어떤 인연을 만나느냐에 따라 직장인으로서 한 번 더 성장할 수 있는 계기를 만들 수도 있을 것 같습니다.

양금택목 : 좋을 량良 날짐승 금禽 가릴 택擇 나무 목木
현명한 새는 나무를 가려서 둥지를 만든다

현명한 사람은 사람을 가려서 섬긴다는 의미로, 자신의 재능을 키워줄 사람을 찾아 그 사람을 섬겨야 한다는 의미로 쓰입니다.

Story of 양금택목

춘추시대, 공자가 위나라에 갔을 때의 일입니다. 위나라의 대부인 공문자 孔文子가 대숙질大叔疾을 치기 위해 공자에게 의논을 구했습니다. 이에 공자는 자신은 "전쟁에 대해 아는 것이 없다"며 거절한 후 제자와 함께 서둘러 위나라를 떠나려 했습니다. 제자가 그 연유를 묻자 공자는 "현명한 새는 나무를 가려서 둥지를 튼다고 했다. 그러니 신하가 되려면 훌륭한 주군을 가려 섬겨야 하지 않겠느냐."고 말했습니다. 공문자의 사람됨이 주군으로 삼기에는 부족하다는 이야기였죠. 이에 그 이야기를 전해들은 공문자는 황급히 달려와 공자의 귀국을 말렸습니다. "내가 딴 뜻이 있었던 것이 절대 아니라오. 다만 공의 의견을 물어보고 싶었을 뿐이니 언짢게 여기지 말고 좀 더 머물러주시오." 이에 공자의 기분은 풀렸지만, 때마침 고향인 노나라에서 사람이 찾아와 귀국을 청하는 바람에 공자는 서둘러 노나라로 향했습니다.

출전_춘추좌씨전 春秋左氏傳

실생활에서는 이렇게 쓰인다

철새 정치인들은 스스로의 변절에 대해 양금택목良禽擇木이라는 변명을 한다.

 ### Follower를 부르는 140자

후배의 능력을 인정하고 키워주는 대인배 리더가 있는가 하면, 혹시나 자기를 넘어서지 않을까 경계하고 핍박하는 옹졸한 리더도 적지 않습니다. 좋은 인물을 발견하고 키우는 능력을 가진 훌륭한 리더를 찾아 재능을 펼칠 기회를 잡아보세요.

모방은 창조의 어머니?
換骨奪胎 ^{환 골 탈 태}

하늘 아래 새로운 것은 더 이상 없다고 합니다. 천칠백 년 전의 철학자 아리스토텔레스도 "모방은 창조의 어머니다"라고 말했죠. 표절이나 모방에 대해 정당성을 부여한 것이 아니라 모방을 통해 창조의 기틀을 닦으라는 이야기입니다. 그런데 요즘은 창조를 위한 모방이 아니라 모방을 감추기 위한 변형이 판을 치고 있습니다. 누가 봐도 뻔히 모방이고 표절임이 분명한 작품들을 살짝 바꿔 표절 논란에서 자유로워지는 거죠. 그래서 가요, 드라마, 소설 등에서 표절 아닌 표절들이 넘쳐나는가 봅니다.

환골탈태 : 바꿀 환換 뼈 골骨 빼앗을 탈奪 아이 밸 태胎
뼈를 바꾸고 태를 빼낸다

다시 태어난 듯 좋게 변함을 이르는 말입니다. 원래는 옛사람이나 타인의 글에서 그 형식이나 내용을 차용해 자신의 작품으로 만들어냄을 뜻하는 말이었지만, 근래에 와서는 대부분 마치 딴사람처럼 아름답게, 혹은 멋지게 변함을 비유하는 말로 쓰입니다.

Story of 환골탈태

북송의 시인 황산곡은 달했습니다. "시의 뜻에는 끝이 없지만, 사람의 재주에는 한계가 있다. 한계가 있는 재주로 끝없는 뜻을 좇으려 해도 불가능하다. 그 뜻을 바꾸지 않고 그 말을 만드는 것을 환골換骨이라 하고, 그 뜻을 본받아 형용形容하는 것을 탈태奪胎라 한다." 즉, 이는 선배 시인들이 지은 시구를 자기의 시에 끌어다 쓰며 노력한다면, 어느 정도의 경지에까지는 이를 수 있다는 이야기입니다.

출전_ 냉재야화冷齋夜話

실생활에서는 이렇게 쓰인다

매일 4시간씩 치열한 운동을 통해 그녀는 환상의 바디라인으로 환골탈태換骨奪胎할 수 있었다.

 Follower를 부르는 140자

눈부신 변신을 이야기할 때 환골탈태라고 하죠. 환골탈태하려견 그야말로 뼈와 살을 깎는 고통을 겪어야 합니다. 제아무리 많은 화장품이며 다이어트 상품들이 '별다른 노력 없이' '순식간에' 가능한 환골탈태를 약속해도 노력 없이는 0·무것도 바뀌지 않습니다.

새로운 세상이 열리다
破天荒 _{파 천 황}

세상이 빠르게 변합니다.

유행도 빠르게 변합니다.

첨단기술을 받아들이는 속도도 점점 더 빨라집니다.

불과 몇 년 전만 하더라도 '스마트폰'은 그 존재조차 알려지지 않았습니다. '트위터' '페이스북'과 같은 SNS는 차마 상상조차 하지 못했습니다. 하지만 이제는 다릅니다. 시간이 갈수록 점점 더 새로운 기술이 개발되고, 점점 더 첨단화된 제품들이 사람들의 마음을 사로잡습니다. "옛날 것이 좋아" 하고 안주하고 있다가는 시대의 흐름에 낙오되기 십상입니다.

한글을 모르는 문맹, 컴퓨터를 모르는 컴맹에 이어 스마트폰을 모르는 스맹으로 전락할지 모른다는 두려움을 안고 사람들은 오늘도 시대의 흐름을 따라잡기 위해 발버둥을 칩니다.

파천황 : 깨뜨릴 파破 하늘 천天 거칠 황荒

천황을 깨뜨린다

천지개벽 전의 혼돈된 상태인 천황天荒을 깨트리고 새로운 세상을 만든다는 뜻으로, 인재가 없었던 땅에 처음 인재가 나거나 지금껏 아무도 생각한 적이 없는 놀랄 만한 일을 해내는 것을 비유하는 말입니다.

Story of 파천황

당나라 때, 형주荊州라는 곳은 공부를 하는 사람은 많았지만 중앙의 관리등용시험에 합격하는 이가 없었습니다. 그래서 사람들은 형주를 일러 '천황天荒' 땅이라 부르곤 했는데요, 어느날 '유세'라는 이가 처음으로 중앙의 시험에 합격했습니다. 마치 시골에서 사법시험에 합격한 인재를 플래카드로 환영하는 것처럼, 형주의 사람들도 유세에게 '파천황破天荒'이라는 이름을 붙일 정도로 크게 기뻐했습니다. 당시 형주를 담당하던 관리도 그에게 '파천황전破天荒錢'이라는 명목으로 상금 70만 전을 보냈을 정도죠. 이후 이제까지 아무도 하지 못했던 일을 성취했거나 양반 없는 시골에서 인재가 나와 원래의 미천한 상태를 벗어남을 일러 '파천황破天荒'이라 부르게 되었습니다.

출전_토몽쇄언北夢瑣言

실생활에서는 이렇게 쓰인다

프로야구 이대호 선수가 프로야구 사상 처음으로 타격 7관왕을 기록하며 파천황破天荒의 위업을 달성했다.

-2010년 스포츠뉴스 중

 Follower를 부르는 140자

기업들은 매번 말합니다. "새로운 서비스, 새로운 제품으로 더욱 새로운 세상을 만들어 나가겠다"고… . 네, 분명 새로움을 만들긴 하더군요. 더 많은 수익을 낼 수 있는 새로운 서비스와 새로운 제품들을요. 하지만 그것들 중에는 고객을 위한 새로움인지, 단순히 새로움을 가장한 새로움인지 구분이 가지 않는 것들이 더 많습니다.

숨길 수 없는 재능
囊中之錐 _{낭 중 지 추}

어느 날 갑툭튀(갑자기 툭 튀어나온)한 피겨천재 김연아 선수는 초
등학교 시절부터 그 어렵다는 트리플 점프 5종을 모두 마스터하며
뛰어난 천재성을 유감없이 선보였습니다. 그 때문에 피겨 팬들 사
이에서는 김연아 선수의 초등학교 시절, 중학교 시절 국내외 경기
영상을 일부러 찾아보는 이들도 적지 않은데요. 어린 시절부터 그
야말로 발군拔群의 실력을 과시한 김연아 선수의 경기 영상을 보
고 있노라면, 스케이팅 인프라도 제대로 갖춰져 있지 않은 피겨
변방의 이 나라에 어느 날 갑자기 나타난 피겨천재의 존재 자체에
무한한 감동을 느끼게 됩니다.

낭중지추 : 주머니 낭囊 가운데 중中 어조사 지之 송곳 추錐
주머니 속의 송곳

재능이 뛰어난 사람은 숨어 있어도 남의 눈에 드러나게 마련이라는
의미입니다.

Story of 낭중지추

전국 시대 말, 진秦나라의 공격을 받은 조나라의 혜문왕은 동생인 평원군을 초나라에 보내어 구원군을 청하기로 했습니다. 20명의 수행원이 필요했던 평원군은 식객 중에서 19명을 뽑았지만, 나머지 한 사람을 뽑지 못해 고심하고 있었습니다. 이때 식객으로 3년간 있었다는 모수毛遂가 스스로 수행원을 자청하고 나섰습니다. 이에 평원군이 물었습니다.

"재능이 뛰어난 사람은 숨어 있어도 마치 주머니 속의 송곳 끝이 주머니 밖으로 삐져나오듯이 남의 눈에 띄기 마련이다. 허나 그대는 이제까지 단 한 번도 이름이 드러난 적이 없거늘 어찌하여 자청하는가?" 그러자 모수가 말했습니다. "나리가 이제까지 단 한 번도 저를 주머니 속에 넣어주지 않았기 때문이지요. 이번에 주머니 속에 넣어 주시기만 한다면 송곳 끝뿐 아니라 자루까지 드러내 보이리다." 모수의 총명한 답변에 평원군은 마지막 수행원으로 그를 뽑았습니다. 그리고 모수의 활약으로 초나라에서 구원군을 쉽게 얻을 수 있었다고 합니다.

출전_ 사기史記

실생활에서는 이렇게 쓰인다

요즘 국회 안팎에서 낭중지추囊中之錐라는 칭찬을 들으며 맹활약하는 젊은 보좌관들이 눈에 띄게 늘고 있다.

Follower를 부르는 140자

주머니 속에 꼭꼭 싸매 넣어드 결국 송곳 끝은 주머니 밖으로 드러나게 마련이죠. 지금 당장 기회가 주어지지 않는다고 불평하진 않겠어요. 시들시들한 청춘 따위로 머물지 않겠어요. 이 지겨운 세상에 번쩍 뜨거운 맛을 보여줄 테니까요. 난 그럴만한 재능이 있으니까!!

쓸모없는 건 없다
無用之用 무 용 지 용

빠른 시대입니다.

유행도 빠르고, 버려지는 것도 빠릅니다.

그 결과 쓸모없는 것들로 치부되는 쓰레기의 양이 점점 늘어납니다.

하지만 그 중에서 정말로 쓸모없는 것들은 과연 얼마나 될까요?

쓰레기 봉투를 들여다봅니다.

내 게으름과 무관심이 만들어낸 쓰레기들이 가득합니다.

일상의 소중할 수도 있었던 시간들도 쓰레기가 되어 쓰레기 종량제 봉투를 가득 채우고 있습니다.

무용지용 : 없을 무無 쓸 용用 어조사 지之 쓸 용用

쓸모없는 것의 쓸모있음

별 거 아닌 것을 귀하게 쓴다는 의미도 있지만, 대부분은 세상에 쓸데 없는 건 없다는 뜻으로 많이 쓰입니다.

Story of 무용지용

혜자와 장자는 자주 논쟁을 즐기던 막역지우 사이입니다. 어느 날 혜자가 장자에게 말했습니다. "자네가 하는 말은 쓸데없는 말뿐일세." 그러자 장자가 말했습니다. "쓸 데가 없음을 알아야 비로소 쓸 곳을 이야기할 수 있지 않은가. 땅이 아무리 넓다 하더라도 사람이 걸을 때 쓰는 것은 발이 닿는 곳뿐일세. 그렇다고 발 닿는 곳만 남기고 나머지 땅을 모두 파헤친다면 걸을 수 있겠는가?" "못 걷겠지" '이제 자네는 쓸데없음의 쓸모를 알게 되었네."

출전_ 장자莊子

실생활에서는 이렇게 쓰인다

그 집안이 부자 3대라는 명성을 유지할 수 있었던 건 '무용지용無用之用'의 생활방식을 가훈처럼 여겼기 때문이다.

 Follower를 부르는 140자

세상에 쓸모없는 게 없다는 장자의 말은 사람에게도 적용시킬 수 있습니다. 쓸모없는 인간이라는 생각으로 우리 슬퍼하지 말아요. 아직 소용될 곳을 못 찾은 것뿐이니, 분명 우리도 누군가에게는 정말 필요하고 소중하게 쓰일 날이 올 테니까요.

얼마나 다정한 말인가요
好事多魔 ^{호 사 다 마}

좋은 일을 앞두고 나쁜 일이 터졌을 때 사람들은 말합니다.
"호사다마라고 했어. 다 좋은 일이 있으려고 그런 거야, 신경 쓰지
마."

평범한 인사말이지만 이 얼마나 다정한 말인가요.
불안으로 떠는 마음을 위로해주고, 보듬어줍니다.

그 어떤 축복의 말보다도 더 큰 희망을 안겨줍니다.
그리고 그 말에 작은 기도를 올리는 겁니다.

"그래, 다 잘 될 거야. 설령 나쁜 일이 있어도 모두 다 지나갈 터이
니."

호사다마 : 좋을 호好 일 사事 많을 다多 마귀 마魔
좋은 일에 마귀가 많다

좋은 일에는 방해가 많다는 뜻으로, 흔히 탈이 나기 쉽고, 많은 풍
파를 겪곤 한다는 의미로 쓰입니다.

Story of 호사다마

18세기 중반, 중국 청나라 중기 때 작품인 『홍루몽紅樓夢』은 구어체로 쓰여진 작품 중 중국 장편소설의 최고 걸작이라고 평가받는 작품입니다. 흔히 『삼국지연의』, 『수호전』, 『서유기』와 함께 중국 4대 고전소설로 손꼽히는 작품이죠. 황실의 인척인 한 귀공자의 연애 사정을 그린 이 작품 중에 이런 문맥이 있습니다.

「홍진 세상에 즐거운 일들도 있었지만, 영원히 의지할 수는 없는 법이다. '미중부족 호사다마美中不足 好事多魔 : 옥에도 티가 있고, 좋은 일에는 탈도 많다'라는 여덟 글자는 서로 긴밀히 이어져 있어서, 즐거움은 순식간에 지나가고 슬픈 일이 생긴다. 사람도 변하고 사물도 바뀌니, 결국 모든 것은 허망한 꿈이며 무위로 돌아간다.」

이 말에서 바로 호사다마好事多魔란 고사성어가 생겨난 것입니다.

출전_홍루몽紅樓夢

실생활에서는 이렇게 쓰인다

결혼식을 앞두고 사소한 갈등이 불거지는 게 바로 대표적인 호사다마好事多魔라고 할 수 있다.

Follower를 부르는 140자

인생에서 행복과 불행의 양은 각각 절반이라고 합니다. 행복한 일이 있으면 그만큼의 불행한 일도 있고, 불행한 일이 있으면 그만큼의 행복한 일이 찾아온다고 하죠. 호사다마란 말도 결국 행복과 불행이 서로의 균형을 맞추다 보니 나온 말이 아닐까요?

천 년만에 오는 기회
千載一遇 천 재 일 우

인생에 세 번의 기회가 온다는 말을 믿고 평생 공부만 해온 사람이 있습니다.

놀자고 유혹하는 친구들의 말에도 귀를 기울이지 않았고, 자신을 위해 허투루 돈을 쓰지도 않았습니다. 모든 사람들이 그를 칭찬했습니다. 그 사람이야말로 성공해 마땅한 사람이라는 칭찬이 줄을 이었습니다. 하지만 그는 단 한 번의 기회도 발견하지 못했습니다.

그가 죽어 신을 만났을 때 신에게 불평했습니다.

"제 노력이 부족했나요? 제가 불성실했나요?"

"아니, 너는 충분했다."

"그럼 왜 제게는 기회를 주시지 않으셨나요?"

그러자 신이 대답했습니다.

"미안, 깜빡 잊었구나."

천재일우 : 일천 천千 실을 재載 한 일一 만날 우遇

천년에 한 번 만난다

평생 한 번 올까말까 한 좀처럼 얻기 어려운 좋은 기회를 만났음을 뜻하는 말입니다.

Story of 천재일우

동진의 학자인 원굉은 『삼국지』에 실려 있는 건국 명신 20명에 대한 행장기인 『삼국 명신서찬』을 썼는데요, 이 중에서 위나라의 순문약을 찬양한 글에 다음과 같은 이야기가 있습니다.

「대저 천리마를 가려낼 줄 아는 백락을 만나지 못하면 천 년이 지나도 천리마 한 필조차 찾아내지 못하는 법이다. 현군과 명신의 만남도 이처럼 천 년에 한 번 있기 어려운 진귀한 해후인 셈이다.」 순문약은 조조의 최고 책사였던 인물로, 조조의 곁에서 수많은 공을 세워 조조로 하여금 패업의 기초를 마련하게 한 인물입니다. (그는 훗날 조조에게 '빈 찬합'을 받고 더 이상 조조에게 자신이 쓸모없는 인물임을 알고 스스로 독주를 마시고 자결합니다.)

출전_ 문선文選

실생활에서는 이렇게 쓰인다.

"이머징마켓에 대한 인식이 한 차원 바뀌면서 투자를 확대하고 있다. 이는 천 년에나 한 번 만날 수 있는 천재일우千載一遇의 기회다."

−박현주 미래에셋 회장 2011년 신년사 중에서

 Follower를 부르는 140자

올지 안 올지 모르는 천 년에 한 번 오는 기회를 기다리는 것보다 내 손으로 직접 기회를 만들고 싶습니다. 주어지는 기회가 아닌 만들어가는 기회로 나의 능력을 인정받고 싶습니다. 그래야 그 기회를 놓쳐도 마음껏 불평할 수 있을 테니까요.

어휴~, 큰일 날 뻔 했네
起死回生 기 사 회 생

남편이 교통사고에 휘말렸다는 소식을 들은 아내가 병원으로 헐레벌떡 뛰어왔다.

"선생님, 제 남편은요?"

"한때는 위험했지만 곧 별 탈 없이 일어나실 수 있을 겁니다."

"감사합니다."

환한 표정으로 집으로 돌아오던 아내가 친구에게 전화를 걸어 기쁜 소식을 알렸다.

"그래! 살았대. 카드 할부도 한참 남았는데 어휴~ 큰일날 뻔했지 뭐야. 오늘 당장 보험부터 들러 가야겠어."

기사회생 : 일어날 기起 죽을 사死 돌아올 회回 날 생生
죽을 뻔하다 다시 살아남

거의 죽음 가까이 다다랐다가 위기를 넘기고 다시 살아났음을 이르는 말입니다. 또 죽을 병에 걸렸다가 간신히 살아났을 때도 기사회생起死回生이라고 표현합니다.

Story of 기사회생

춘추시대에 진월인泰越人이라는 명의名醫가 있었습니다. 사람들이 그를 일러 전설 속의 신의神醫인 편작扁鵲이라 할 정도였죠. 어느 날 진월인이 괵나라를 지나다 멀쩡히 잘 지내던 그 나라의 태자가 갑자기 죽었다는 이야기를 듣게 되었습니다. 진월인이 왕의 부름으로 입궐해 태자의 상태를 보자, 태자는 죽은 게 아니라 단지 기절한 것뿐이었습니다. 진월인이 침을 놓자 잠시 후 태자는 깨어났고, 치료를 받은 지 한 달도 안 되어 건강을 회복하였습니다. 이 소식이 전해지자 많은 사람들이 "진월인은 죽은 사람도 살려낸다"고 칭송을 아끼지 않았습니다. 하지만 진월인은 "저는 죽은 사람을 살려낼 수 없습니다. 저는 다만 태자를 일어나게 할 수 있었던 것뿐입니다"라고 겸손히 말했습니다.

출전_ 사기史記 편작창공扁鵲倉公열전

실생활에서는 이렇게 쓰인다

불황에서 기사회생起死回生하는가 싶던 세계 증시가 또다시 어이없이 폭락했다.

 Follower를 부르는 140자

흔히 잘난 척하기 좋아하는 사람들은 위기극복의 드라마가 있어야 삶이 더 재미있어진다고 이야기합니다. 하지만 그건 밖에서 지켜볼 때의 이야기죠. 자신이 당장 끔찍한 진흙탕 속에 뒹굴어야 하는 처지가 됐을 때도 그리 쉽게 기사회생의 기회라고 이야기할 수 있을까요?

큰칼의 용도
牛刀割鷄 _{우 도 할 계}

2011년 여름, 독도 문제에 대한 울릉도 사람들의 의견을 들어보겠다며 일본 우익 의원들이 입국을 시도하다 거부당한 일이 있었습니다. 이미 우리 정부에서 입국 거부 의사를 밝혔음에도 불구하고 무작정 입국을 시도한 그들에게 네티즌들은 물론 방송사며 신문사의 보도국들이 전부 날카롭게 반응했습니다. 그 덕분에 그들은 '못 먹는 감 찔러나 본다'는 소기의 목적을 달성한 셈이 됐고, 독도 문제에 무관심하던 일본 국민들의 관심을 환기시키는 데도 성공했습니다. 무시해도 좋을 일에 너무 큰 정성을 쏟은 결과는 아닌지 생각해 봅니다. 시답잖은 도발쯤은 원칙대로 처리하고, 냉정한 이성으로 판단해 대처할 필요가 있을 것 같습니다.

우도할계 : 소 우牛, 칼 도刀, 벨 할割, 닭 계鷄
소 잡는 칼로 닭을 베다

작은 일을 하는 데 어울리지 않게 일을 크게 벌이거나 큰 도구를 쓰는 일을 말합니다.

Story of 우도할계

평소 예악禮樂을 중시해온 공자가 무성이라는 고을에 갔을 때입니다. 마을 곳곳에서 거문고와 비파에 맞춰 시를 읊는 소리가 들려왔는데요, 이는 공자의 제자인 자유가 그곳의 장이 되어 예악禮樂을 가르쳐 백성을 교화시키고 있었기 때문입니다.

이에 공자가 흐뭇한 마음에 농담으로 "닭을 잡는 데 어찌 소 잡는 칼을 쓰느냐?"라고 물었습니다. 이는, "이렇게 조그만 고을을 다스리는 데 너처럼 훌륭한 사람이 뭐하러 굳이 예악까지 가르치느냐"는 뜻이었죠. 그러자 자유가 말하기를 "전에 스승님이 말씀하시기를 백성을 다스리는 자는 예악을 배움으로써 백성을 사랑하게 되고, 백성은 예악을 배움으로써 온유하게 된다고 하셔서 그 말씀을 따랐을 뿐입니다."라고 했습니다. 이에 공자는 "너의 말이 옳다. 조금 전에 내가 한 말은 농담일 뿐이다"라고 자신의 본심을 밝히고 나섰죠.

출전_논어論語

실생활에서는 이렇게 쓰인다

석박사 출신 신입사원을 뽑아서 영업사원으로 쓰다니 우도할계도 이런 우도할계牛刀割鷄가 없다.

 Follower를 부르는 140자

자신의 쓰임새는 자신이 결정하는 대로다. 지금 하는 일에 만족하면, 그 정도 일을 할 만한 사람이고, 더 나은 일을 할 수 있는 자신을 만든다면 자신의 쓰임새는 훨씬 더 커질 수 있다. 나는 이 일을 하기에는 더 대단한 사람이라고 생각하는 것은 당신만의 착각일 수 있다.

환상 속의 그대
梅林止渴 _{매 림 지 갈}

아이돌의 연애는 순탄치 않습니다. 배우들의 스캔들과 달리 아이돌의 스캔들은 대중으로부터 유난히 차가운 시선을 받습니다. 그 이유는, 아이돌이야말로 노래나 춤과 같은 재능만이 아니라 '환상을 파는' 이들이기 때문입니다. 팬들에게 아이돌은 유사 연애 상대입니다. 실제로는 아이돌과 사랑에 빠지는 것이 극히 불가능한 일임을 너무나 잘 알지만, 환상 속 혹은 가상에서나마 아이돌은 그들에게 세상에서 가장 멋진 연인의 모습으로 다가오니 말이죠. 그래서 팬들에게 연애질하는 '아이돌'은 그야말로 '배신자'일 수밖에 없습니다. "사귈 때 사귀더라도 팬인 우리들한테 들키지만 말아 달라"라는 아이돌 팬들의 눈물어린 투정과 호소는 자신들의 '환상 속의 그대'를 지키려는 최소한의 자구책인 셈입니다.

매림지갈 : 매화 매梅 수풀 림林 그칠 지止 목마를 갈渴
매화 숲에서 갈증을 그치다

거짓 사실이나 공상으로 마음의 위안을 얻는다는 뜻으로, 때로는 대용품이라도 일시적으로 소용이 있다는 뜻으로도 자주 쓰입니다.

Story of 매림지갈

진나라를 세운 사마염이 오나라를 공격할 때의 일입니다. 길을 잘못 든 사마염과 군사들은 이리저리 헤매다 식수까지 바닥나는 곤란한 지경에 처했습니다. 병사들의 사기는 땅에 떨어졌고, 심지어 갈증이 너무 심해 더 이상 진군할 수가 없을 정도였습니다. 그 난관을 벗어나기 위해 사마염은 이렇게 말했습니다. "힘을 내라! 조금만 더 앞으로 가면 매화나무 숲이 나온다. 매화나무에는 가지가 휠 정도로 탐스러운 매실이 가득 열려 있다. 그 매실이 우리의 갈증을 없애줄 것이다!!" 매실이란 말을 들은 병사들의 입에는 어느새 침이 고이기 시작했습니다. 병사들은 매실을 생각하는 것만으로 이내 갈증을 잊고 다시 진군할 수 있었죠. 그리고 마침내 사마염과 군사들은 오나라를 멸망시켜 천하를 통일하게 되었습니다.

출전_세설신어世說新語

실생활에서는 이렇게 쓰인다

이렇게 경제가 어려운 상황일수록 '매림지갈梅林止渴'과 같은 지혜가 더욱 간절히 요구된다.

Follower를 부르는 140자

아이돌이 되기 위해 하루종일 노래와 춤을 연습하는 아이돌 연습생들에게 이미 스타가 된 선배들은 선망의 상대이자 구체적인 자신의 미래상입니다. 선배들이 그러했듯이 자신들도 언젠가는 스타가 되리라는 '매림지갈'의 목표가 있기에 연습생들은 보이지 않는 곳에서 뜨거운 땀방울을 흘리고 있습니다.

이토 히로부미를 저격한 이유
曲突徙薪 ^{곡 돌 사 신}

2011년 7월, 안중근 의사의 친필기록 하나가 새롭게 발견되었습니다. 이토 히로부미를 저격 · 처단한 이유를 한시를 빌려 표현한 친필기록입니다.

曲突徙薪無見澤**곡돌사신무견택** 곡돌에 섶을 제거한 이는 혜택을 바라지 않는데

焦頭爛額爲上客**초두난액위상객** 머리를 태우고 이마를 짓무른 이가 상객이 되었구나

爲楚非爲趙**위초비위조** 초楚를 위한 것이지 조趙를 위한 것이 아니네

爲日非爲韓**위일비위한** 일본을 위한 것이지 한국을 위한 것이 아니네

안중근 의사는 자신이 이토 히로부미를 쏜 것은 평화를 저해하는 '이토 히로부미'라는 화근을 없앤 것이며, 이는 한국 뿐 아니라 동양 전체의 평화와 일본을 위한 것이었음을 밝히고 있습니다.

곡돌사신 : 굽을 곡曲 굴뚝 돌突 옮길 사徙 섶 신薪
굴뚝을 굽히고 섶(땔나무)을 옮긴다

굴뚝이 곧고 불 주변에 섶이나 땔나무가 있으면 언제 불이 번져 큰 화재가 날지 모릅니다. 그러니 화근이 될 수 있는 것들을 치움으로써 재앙이나 재난을 미리 방지한다는 뜻을 담고 있습니다.

Story of 곡돌사신

한 나그네가 우연히 어느 집 앞을 지나다 그 집 굴뚝이 곧게 뚫어 있고, 그 곁에 땔감들이 잔뜩 쌓여 있는 것을 보고 주인에게 말했습니다. "불이 날 위험이 있습니다. 굴뚝을 굽히고 땔감을 다른 곳으로 옮기시지요." 하지만 주인은 나그네의 말에 귀 기울이지 않았습니다. 그 후 얼마 안 있어 그 집은 정말 화재에 휩싸였고, 동네 사람들이 힘을 합쳐 불을 끄고 주인을 구해주었습니다. 이에 감사의 뜻으로 주인은 소를 잡아 큰 잔치를 베풀고, 불을 끄다 다친 이를 상석에 모셨죠. 그 모습을 지켜보던 어떤 이가 입바른 소리를 늘어놓았습니다. "애초에 나그네의 말을 들었다면 화재가 날 일도 없었을 것을. 쯧쯧! 미리 충고해준 사람에게는 아무런 보답이 없고 불 끈 사람만 상객이 되었구려." 그제야 주인은 화근을 없애라고 충고했던 나그네의 말을 되새기게 되었습니다.

출전_ 한서漢書

실생활에서는 이렇게 쓰인다

"기업 단위에서의 복수노조 설립을 금지토록 한 '노동조합 및 노동관계조정법' 개정안은 복수노조 허용으로 노동현장에 몰아닥칠 엄청난 사태를 방지하기 위해 곡돌사신曲突徙薪의 충고로 인식해야 한다."
－2011년 6월, '노조법 개정'에 관한 한나라당 초선의원 모임인 '민본21' 성명문 중에서

 Follower를 부르는 140자

일본처럼 지진이 많은 국가에서 원전건설에 대한 우려는 오래전부터 있어 왔습니다. 하지만 일본 정부는 원전만큼 안전한 시설이 없다며 우려를 모두 묵살했죠. 만약 일본이 곡돌사신의 정신으로 원전 건설시 안전성에 보다 철두철미했다면 이번과 같은 방사능 유출 사태는 막을 수 있었겠죠.

도전 : 명사

1. 정면으로 맞서 싸움을 걺.
2. 어려운 사업이나 기록경신 따위에 맞섬을 비유적으로 이르는 말.

만 살이 찝니다. 마음에 자꾸만 살이 쪄 점점 둔감해집니다.

나의 이기심을 당연하게 여기는 마음의 살 때문에 나는 점점 잊어갑니다.

함을 잊고, 아무것도 이루지 못한 자신에 대한 부끄러움을 잊어갑니다.

것도 이루지 못하고, 그저 세월만 보낸 마음의 나잇살이 늘어납니다.

허벅지 스트레칭 30초씩 15세트, 옆구리 스트레칭 30초씩 15세트, 뱃살 스트레칭 30초씩 15세트를

마음의 군살을 뺄 수 있는 다이어트 운동도 있었으면 좋겠습니다

언제나 말을 타고 전장을 돌아다녀서 넓적다리에 살이 붙을 겨를이 없었는데,

에는 말을 타본 일이 없어 넓적다리에 살이 붙었습니다. 세월이 가는 것은 빨라서 곧 늙음이 닥쳐올 텐데

아직 아무런 공업(功業)을 이룬 것이 없어 그저 슬플 뿐입니다.”

다운시프트의 행복 예미도중 다운시프트의 행복 예미도중

골프 황제의 비결 수직수천

그 집 앞 분주하네 문전성

눈부신 변화 괄목상대

단 칼에 OK! 쾌도난마

무모한 도전 당랑거철

살! 살! 내 살들아!! 비육지탄

자르고, 깎고, 갈고, 닦고 절차탁마

장수의 결의 마혁과시

책읽기의 왕도 독서백편 의자현

처세의 조건 타면자건

투자를 아끼지 마세요 매사마골

하늘까지

닿겠네요

파죽지세

05

도전 挑 戰

다운시프트의 행복
曳尾塗中 예미도중

모 취업포털 사이트에서 실시한 직장인의 '생활만족도' 조사 결과에 따르면 요즘 직장인들의 절반 이상은 출세와 성공에 쫓기기보다는 여유를 가지고 삶을 즐기는 이른바 '다운시프트Down Shift 족'이 되고 싶다고 합니다. 다운시프트Down Shift란, 원래 자동차 저속운전을 위해 기어를 변속하는 것을 이르는 말입니다만, 수입이나 사회적 지위에 연연하지 않고 삶의 속도를 줄여 느긋하고 여유로운 삶을 추구하는 경향을 가리키는 말이 되었습니다.

일례로 다운시프트 족은 돈이나 사회적 지위보다 삶을 돌아보고 통찰할 수 있는 시간을 더 중요시합니다. 시간에 쫓기며 돈을 버느라 일에 매몰되어 사는 것보다는 '좀 더 인간적인 삶' '사람다운 생활'을 추구합니다. 누군가는 그들을 가리켜 경쟁을 지레 포기하고 안일한 사고방식으로 산다고 욕할지도 모릅니다. 하지만 이기고 지는 것에 신경 쓰지 않고, 더 많은 부를 축적하는 것에 연연하지 않으며 삶을 즐기는 다운시프트 족의 여유도 이해가 갑니다.

예미도중 : 끌 예曳 꼬리 미尾 진흙 도塗 가운데 중中
꼬리를 진흙 속에 끌고 다닌다

부귀를 누리느라 세속에 속박되기보다는 비록 가난하더라도 자유로운 생활을 누리는 것이 낫다는 뜻입니다.

150

Story of 예미도중

초^楚나라 왕이 어느 날 사람을 보내어 낚시를 즐기고 있는 장자를 청하였습니다. 높은 관직을 내리겠다는 뜻이었습니다. 그러나 장자는 뒤도 돌아보지 않고 다음과 같이 물었습니다. "초나라에는 죽은 지 3천 년이 된 거북이를 상자 안에 넣어 묘당에 소중히 모셔놓았다고 들었소. 그 거북이 살아생전에 죽은 뒤 뼈를 남겨 귀한 대접을 받길 원했을 것 같소, 아니면 살아서 진흙 속에 꼬리를 끌며 다니기를 바랐을 것 같소?" 장자를 모시러 온 이들은 "물론 진흙 속에 꼬리를 끌고 다니길 바랐겠지요."라고 답하자, 장자가 말했습니다. "그렇다면 돌아가시오. 나 또한 진흙 속에서 꼬리를 끌고 다니고 싶소."

출전_장자^{莊子}

실생활에서는 이렇게 쓰인다

그 사람이야 애초에 가진 것이 많으니 예미도중^{曳尾塗中}도 가능하겠지. 하지만 우리같이 없는 사람은 부지런히 벌어야 삼시 세끼 밥이라도 먹을 수 있지 않겠나?

 ## Follower를 부르는 140자

누구는 50평대 아파트가 있어야 행복하다고 하고, 누구는 그저 세 평짜리 방 한 칸만 있어도 행복을 느낍니다. 그리고 또 누구는 적어도 10억은 있어야 노후가 보장된다고 합니다. 하지만 누군가는 삶을 즐기지도 못하고 노년이 되는 것만큼 불행한 일은 없다고 말합니다. 당신은 어디에서 행복을 느끼시나요?

너의 때를 기다려
不蜚不鳴 불 비 불 명

오랜 무명을 겪고 스타덤에 오른 이들을 보면 공통점이 있습니다. 모두들 자신만의 '때'를 기다리며 준비해온 사람이라는 겁니다. 영화 〈타짜〉〈추격자〉〈황해〉 등으로 선굵은 연기를 선보이며 대표적인 연기파 배우로 우뚝 선 영화배우 김윤석 씨도 오랫동안 무명 기간을 거치며 자신의 연기 세계를 갈고 닦아왔고, 〈개그콘서트-달인〉으로 사랑받고 있는 개그맨 김병만도 오랜 무명 생활로 생활고를 겪다가 개그맨 생활을 포기하려고도 했었답니다.

어디 이들 뿐인가요? 따지고 보면 우리 사회에서 성공한 사람들 중에는 젊은 나이에 성공한 이들도 많지만 오랫동안 끈기를 가지고 실력을 갈고 닦으며 자신이 비상할 그날을 기다려 온 이들이 더 많습니다. 즉, '성공'이라는 달콤한 열매를 손에 쥔 이들의 대부분은 전부 그 열매가 익을 때까지 기다릴 줄 알았던 것입니다.

불비불명 : 아니 불不 날 비蜚 아니 불不 울 명鳴
날지도 않고 울지도 않는다

큰일을 하기 위해 오랫동안 조용히 때를 기다리고 있음을 이르는 말입니다.

제나라 위왕은 왕이 된 지 3년이 지나도록 정사를 돌보지 않고 오직 방탕한 생활에 젖어 살았습니다. 주변에 간신배들이 들끓자 이를 보다 못한 신하 순우곤이 나서 임금에게 수수께끼를 냈습니다. "3년 동안 날지도 않고 울지도 않는 새는 무슨 새일까요?" 임금이 왜 허송세월을 보내고 있는지 여쭌 것이었죠. 그러자 위왕은 "비록 날지 않고 울지 않는 새라도 한 번 날기 시작하면 하늘에 이르고, 한번 을기 시작하면 사람들을 놀라게 할 것이다"라고 대답했습니다. 이후 위왕은 자신의 말대로 언제 그랬느냐는 듯 방탕한 생활을 접고 놀라운 통치력을 보이기 시작했습니다.

출전_사기史記

실생활에서는 이렇게 쓰인다

오랜 부진의 늪에 빠져있던 ○○○선수, 불비불명不蜚不鳴이라도 한 듯, 오랜만에 눈부신 활약을 보여주며 완봉승을 거두었습니다.

 Follower를 부르는 140자

당장 하루를 버틸 힘도 없는 이들에게 불비불명의 이야기를 들려주며 '때를 기다리라'고 하는 건 어찌 보면 너무 잔인한 주문일지도 모릅니다. 하지만 오늘의 아픔과 서러움도 언젠가 다시 날 때 분명 든든한 에너지원이 되리라 믿어봅니다.

골프황제의 비결
水滴石穿 수 적 석 천

흔히 사람들은 '천재'라고 하면 별다른 노력 없이 타고난 재능만으로 성공한 이들을 연상하기 쉽습니다. 하지만 천재라고 하는 이들일수록 남들보다 더 혹독한 노력을 통해 자신의 재능을 갈고 닦는 법입니다. 일례로 골프 황제 타이거 우즈는 어려서부터 잠자고, 밥 먹고, 공부하는 일상 시간을 빼면 항상 골프클럽을 손에 쥐고 살았다고 합니다. 자로 잰 듯한 정확한 티샷과 퍼팅이 가능했던 것도 매일매일 수천 번의 스윙 연습과 수십, 수백 개의 공을 날려 정확히 홀 옆에 붙이는 등의 지루한 연습을 반복했기 때문입니다. 스캔들로 문제를 일으킨 점은 아쉽기 그지없지만 천재적인 재능과 실력으로도 자만하지 않고 항상 노력하는 그의 자세만은 범인凡人인 우리에게 깨닫게 하는 바가 큽니다.

수적석천 : 물 수水 물방울 적滴 돌 석石 뚫을 천穿
물방울이 돌을 뚫는다

작은 물방울의 흔적이라도 계속해서 쌓이게 되면 돌에는 흠집이 나게 되고 마침내 구멍까지 날 수 있습니다. 이처럼 꾸준히 노력하면 어떤 어려운 일이라도 결국 성공할 수 있음을 이르는 말입니다.

Story of 수적석천

송나라 때, 장괴애張乖崖라는 이가 숭양현의 현령을 지낼 때 일입니다. 관의 창고지기가 돈 한 푼을 훔친 사실이 밝혀졌습니다. 이에 장괴애는 그에게 곤장으로 볼기를 치는 장형杖刑에 처하라 명을 내렸습니다. "아니, 너무 하지 않습니까? 쇤네가 훔친 것은 고작 한 푼인뎁쇼?" 당연히 창고지기는 너무 벌이 과하다며 항변했죠. 하지만 장괴애는 "하루에 한 푼이라도 천 일이면 천 푼이 되지 않느냐? 비록 노끈이라도 오래 문지르면 나무를 벨 수 있고, 한 방울의 물이 계속 떨어지면 마침내 돌을 뚫을 수 있는 것과 같은 이치라네"라며 더욱 엄히 다스렸다고 합니다.

출전_ 학림옥로鶴林玉露

실생활에서는 이렇게 쓰인다

물방울이 오랜 세월에 걸쳐 돌에 구멍을 낸다는 의미의 수적석천 水滴石穿처럼, 금융도 오랜 기간 하나둘씩 차근차근 노하우가 쌓이다 보면 나아갈 길이 보이게 된다.
– 2009년 1월, 김성태 대우증권 사장의 신년사 중에서

Follower를 부르는 140자

초보 트위터리안 중에는 타인과의 소통에 어려움을 느끼고 그만두는 이들이 많습니다. 사람의 인연처럼 트위터에서의 인연도 공을 들여 쌓아가는 것임을 미처 몰랐기 때문입니다. 이제부터라도 수적석천의 노력으로 SNS 세상의 사랑받는 주민이 되어보면 어떨까요?

그집 앞 분주하네
門前成市 문 전 성 시

일본에서 음식이 맛있는 식당과 맛없는 식당을 구분하는 건 누워서 떡먹기죠.

그 가게 앞에 사람들이 길게 줄을 서 있으면 맛집이고, 줄이 없으면 맛집이 아닐 확률이 크니까요. 줄을 서서 기다리는 것을 귀찮아 하는 우리나라 사람들과는 달리 줄을 서서 기다리는 것에 익숙한 일본인들은 맛있는 것을 먹기 위해 줄을 서는 것을 너무나 당연하게 생각합니다. 그래서 일본에서는 일부러 가게 앞에 손님들의 줄을 세우기 위해, 가게 안에 테이블 수를 줄이고 대기표도 나눠주지 않는 경우도 있다고 합니다. 맛있는 집이란 인상을 주기 위해서죠. 물론 이런 것도 임시방편일 뿐 정말로 맛없는 집일 경우에는 그 줄이 오래 가지 못하겠죠. 하지만 웬만큼 맛에 자신 있는 식당들의 경우 손님들의 줄을 길게 세움으로써 가게의 명성을 확보하려는 곳이 적지 않습니다. 사람이 많은 곳에 사람이 모인다는 심리를 노린 마케팅 방법 중 하나인 셈입니다.

> 문전성시 : 문 문門 앞 전前 이룰 성成 저자 시市
> 문 앞이 저자를 이룬다
>
> 권력자의 집 앞이나 부잣집 문 앞이 그곳을 찾는 사람들로 인해 저잣거리를 이룬 것처럼 붐빈다는 뜻입니다.

156

Story of 문전성시

전한시대, 11대 황제인 애제 때의 일입니다. 당시 정사를 돌보지 않고 환락에 빠져 있던 애제에게 정사를 돌보라고 간언하던 정숭이라는 장관은 결국 애제의 미움을 사고 말았는데요. 그러던 어느 날, 정숭을 시기하던 조창이라는 간신이 애제에게 이렇게 말했습니다.

"폐하, 정숭의 집 문 앞이 사람들로 저자를 이루고 있사옵니다. 심상치 않사오니 부디 엄히 문초하시옵소서." 이에 애제가 정숭을 불러 진위를 물으니 정숭이 답했습니다.

"폐하, 신의 문전은 저자와 같사오나, 마음만은 물같이 깨끗합니다. 부디 굽어 살피옵소서."

하지만 애제는 정숭의 청을 묵살해 옥에 가뒀고, 결국 정숭은 옥에서 죽고 말았습니다.

출전_한서 漢書

실생활에서는 이렇게 쓰인다

정부는 2008년부터 전통시장을 부흥시키고, 새롭게 만들어지고 있는 시장을 살리자는 의미에서 문전성시 門前成市 시범사업을 펼치고 있다.

Follower를 부르는 140자

대기업이건 동네 구멍가게건 고객들로 문전성시가 되도록 하기 위해서는 입소문이 중요합니다. 현란한 광고보다는 같은 고객들의 평가가 더 신뢰가 가기 때문이죠. 하지만 이를 이용해 거짓 입소문 마케팅을 펼치다가는 오히려 비웃음을 사기 십상입니다.

눈부신 변화
刮目相對 _{괄 목 상 대}

학교를 다닐 때 공부는 좋은 성적을 받기 위한 것이고
직장을 다닐 때 공부는 좋은 성과를 내기 위한 것입니다.
하지만 성적이나 성과와 상관없는 일상의 공부는 '나'를 성장시킵니다.
공부는 나를 성장시킬 수 있는 최소한의 기본 조건입니다.
세상을 더 높은 곳에서 바라보고 싶다면, 높이 날기 위한 공부를
해야 합니다.
당신이 공부만 할 수 있다면, 당신의 성장판은 아직 닫히지 않았
습니다.

여러분은 지금 성장을 위해 어떤 공부를 하고 계신가요?

괄목상대 : 비빌 괄刮 눈 목目 서로 상相 마주볼 대對
눈을 비비고 보다

학식이나 재주가 눈을 비비고 보지 않으면 몰라볼 정도로 전에 비해 부쩍
성장했다는 의미입니다.

Story of 괄목상대

오나라의 왕 손권의 신하 중에 여몽呂蒙이라는 장수가 있었습니다. 그는 어렸을 때 가난 때문에 공부할 틈이 없어 일자무식이었지만 전쟁터에서 공을 쌓아 장군이 되었습니다. 어느 날 손권이 그에게 책을 많이 읽어 학식을 쌓으라는 충고를 했습니다. "학문을 하라고 해서 경학經學 박사가 되라는 말은 아니오. 선인들이 남긴 병법을 이론적으로 익히기 위해서라도 책을 많이 읽어야 된단 말이오." 그 후 여몽은 쉼 없이 공부를 해 전장에서도 손에서 책을 놓지 않을 정도였죠. 그러던 어느 날 중신 가운데 가장 유식한 재상이라는 노숙魯肅이 전장을 시찰하던 중 오랜 친구인 여몽을 만나러 왔습니다. 대화를 나누던 노숙은 여몽이 너무나 유식해져 깜짝 놀라고 말았죠. "아니, 언제 이렇게 공부를 했나? 오나라에 있을 때의 여몽이 아닐서그려." 그러자 여몽이 말했습니다. "무릇 선비란 헤어진 지 사흘이 지나 다시 만났을 땐 눈을 비비고 대면할 정도로 달라져야 하는 법이라네."

출전_ 삼국지三國志

실생활에서는 이렇게 쓰인다

해양경찰청은 최근 5년간 정부업무 규제평가에서 항상 최하위에 머물렀던 것과 비교해 괄목상대刮目相對한 성장을 기록하여 2010년도 규제개혁평가에서 국무총리 단체표창을 수상했다.

−2011년 8월, 해양경찰청 뉴스 중에서

 Follower를 부르는 140자

> 대부분의 사람들은 새로운 정치인을 바랍니다. 그러면서도 젊은이들이 새로운 정치인으로 성장할 수 있는 기회를 주지 않습니다. 익숙한 이름, 익숙한 얼굴을 선호하고, 익숙한 정치에 몸을 맡깁니다. 정치권이 변하지 못하는 것은 그런 우리의 탓입니다.

단칼에 OK!
快刀亂麻 _{쾌 도 난 마}

"끙…."

출구가 보이지 않는 미로를 빙글빙글 도는 느낌, 머릿속에 잔뜩 헝클어진 철실 뭉치가 가득 차 있는 느낌, 형체도 보이지 않는 그 무엇인가가 심장을 무겁게 짓누르고 있는 것만 같을 땐……. 이럴 땐 재빨리 머릿속을 비워내거나 두 눈 딱 감고 보이지 않는 RESET버튼을 누르는 편이 나을지도 모릅니다. 조금만 더 궁리해보면 더 좋은 해결책이 나올 거라는 미련 때문에 머뭇거리지 말고 시퍼런 칼날로 종잇장을 베어내듯 싹뚝 – 고민을 잘라보세요. 의외로 생각지도 못한 부분에서 해결의 열쇠를 발견하게 될지도 모르니까요.

쾌 도 난 마 : 쾌할 쾌快 칼 도刀 어지러울 란亂 삼 마麻
잘 드는 칼날로 어지럽게 헝클어진 삼실을 베다

고대의 알렉산더 대왕은 결코 풀리지 않는 걸로 유명했던 매듭을 단칼에 베어 풀어버렸습니다. 문제를 푸는 색다른 해결책을 제시한 셈인데요, '쾌도난마'는 이처럼 어지럽고 복잡한 문제를 명쾌하고 시원스럽게 처리한다는 뜻을 담고 있습니다.

Story of 쾌도난마

남북조 시대, 북제의 창시자 고환^{高歡}에게는 여러 아들들이 있었습니다. 어느 날 고환은 이 아들들의 재주를 시험해 보고자 한 자리에 불러들입니다. 그리고 심하게 뒤얽힌 삼실 한 뭉치씩을 던져주곤 풀어보라는 과제를 내주었습니다. 이에 다른 아들들은 모두 삼실을 끌어안고 어떻게든 한 올, 한 올 풀어내보려 진땀을 흘리고 있었는데요, 아들 양^洋은 시퍼렇게 잘 드는 칼 한 자루를 들고 와서 헝클어진 삼실을 싹둑 잘라버리고는 "어지러운 것은 베어내어 버려야죠"라며 득의양양한 표정을 지었습니다.

출전_북제서^{北齊書}

실생활에서는 이렇게 쓰인다

새로 선출된 대통령은 취임하자마자 그동안 쌓인 온갖 자질구레한 국정문제들을 쾌도난마^{快刀亂麻}로 처리해가기 시작했다.

Follower를 부르는 140자

헝클어진 삼실을 단칼에 베어버려 쾌도난마 고사의 주인공이 된 고양은 총명함과 대담함으로 큰 인물이 될 것이라는 기대를 한 몸에 받고 자랐습니다. 하지만, 훗날 문선제(文宣帝)가 된 그는 술김에 항상 사람을 죽이는 폭군이 되었다고 하는군요. 거칠고 빠른 해결책에 길들여진 후유증 때문인지도 모르겠습니다.

무모한 도전
螳螂拒轍 ^{당 랑 거 철}

MBC TV의 주말 오락 프로그램인 '무한도전'은 젊은층이 가장 사랑하는 오락 프로그램입니다. 각종 캐릭터 사업이나 달력 등도 없어서 못 팔 지경이고, '무한도전' 멤버들이 직접 부른 노래들은 가장 뜨거운 인기를 구가합니다. 그야말로 국민 오락 프로그램이라 해도 과언이 아닙니다. 하지만 처음 시작할 무렵만 해도 무한도전은 언제 폐지될지 몰라 전전긍긍하는 시청률 5% 미만의 암담한 오락 프로그램이었습니다. 그저 그런 평범한 개그맨들이 모여 주말 저녁에 고작 보여준다는 게 '황소와 인간의 줄다리기' '지하철과의 달리기 경주' 등 '무모한 도전'이 전부였죠. 하지만 결과가 뻔해 보이는 무모한 승부에도 항상 땀을 뻘뻘 흘리며 도전하는 그들을 보며 사람들은 점점 그들의 도전을 응원하고 사랑하게 되었습니다. 그리고 스스로도 '평균 이하'임을 자처했던 그들은 젊은이들에게 가장 사랑받는 연예인으로 거듭났습니다. 무모한 도전도 기적을 이끌어낼 수 있음을 보여준 흔치 않은 예라 하겠습니다.

당랑거철 : 사마귀 당螳 사마귀 랑螂 일할 거拒 수레바퀴 철轍
사마귀가 수레를 막는다

'하룻강아지 범 무서운 줄 모른다'는 우리 속담과 비슷한 말로, 자기의 힘은 헤아리지 않고 강자에게 함부로 덤비는 것을 의미합니다.

Story of 당랑거철

춘추시대, 제나라 장공이 어느 날 사냥을 나가게 되었습니다. 그때 우연히 사마귀 한 마리가 다리를 들고 자신의 마차 바퀴로 달려드는 모습을 보게 되었죠.

"거 참, 벌레가 용감하기도 하군, 저 벌레의 이름이 무엇이냐" 감탄하는 장공에게 부하가 아뢰길, "저것은 사마귀라 하는 벌레이온데, 저놈은 앞으로 나아갈 줄만 알고 물러설 줄을 모르며, 제 힘은 생각지 않고 막무가내로 적에 대항하는 놈입니다"라고 하였습니다.

이에 장공이 감탄하여 "만약 이 벌레가 사람이었다면 반드시 천하에 비길 데 없는 용사였을 것이다" 하고서 수레를 돌려 사마귀를 피해 길을 갔다 합니다.

출전_한시외전韓詩外傳

실생활에서는 이렇게 쓰인다

민심의 뜻도 제대로 이해하지 못한 OOO 후보가 서울시장이 되려고 한 것은 마치 당랑거철螳螂拒轍과 같다.

 Follower를 부르는 140자

당랑거철은 사마귀의 일화를 빗대 무모함을 비웃는 의미로 자주 쓰이곤 합니다. 하지만 비웃음의 대상인 당랑거철의 사마귀는 결국 자신의 몸보다 수백 배나 큰 수레의 방향을 돌리는 데 성공했습니다. 우리 자신은 어떤가요? 혹시 남의 비웃음이 두려워 스스로의 힘을 너무 과소평가하고 미리 스스로의 한계를 정해 그 안에 머물고 있지는 않나요?

살! 살! 내 살들아!!
脾肉之嘆 _{비 육 지 탄}

자꾸만 살이 찝니다.

마음에 자꾸만 살이 쪄 점점 둔감해집니다.

나의 이기심을 당연하게 여기는 마음의 살 때문에 나는 점점 잊어
갑니다.

나태함을 잊고, 아무것도 이루지 못한 자신에 대한 부끄러움을 잊
어갑니다.

아무것도 이루지 못하고, 그저 세월만 보낸 마음의 나잇살이 늘어
납니다.

허벅지 스트레칭 30초씩 15회,

옆구리 스트레칭 30초씩 15회,

뱃살 스트레칭 30초씩 15회를 하듯

마음의 군살을 뺄 수 있는 다이어트 운동도 있었으면 좋겠습니다.

비육지탄 : 넓적다리 비肥 고기 육肉 어조사 지之 탄식할 탄嘆
넓적다리의 살에 탄식하다

재능을 발휘할 때를 얻지 못하고 그저 허송세월한 것을 한탄한다는
의미입니다.

Story of 비육지탄

유비는 여포를 격파한 다음 조조의 주선으로 한나라의 좌장군에 임명되었지만, 조조의 휘하에 있는 것을 싫어하여 각지를 전전한 끝에 형주 荊州의 유표 劉表에게 의지하여 조그만 고을을 다스리게 되었습니다. 그러던 어느 날, 유표의 초대를 받아 형주성에 갔을 때 화장실에서 볼일을 보던 유비는 자신의 넓적다리에 살이 많이 붙은 것을 보고 눈물을 흘렸습니다.

다시 연회장으로 돌아온 유비에게 유표가 어이하여 눈물 자국이 있는지 물었습니다.

그러자 유비가 이렇게 대답하였습니다.

"나는 언제나 말을 타고 전장을 돌아다녀서 넓적다리에 살이 붙을 겨를이 없었는데, 요즘에는 말을 타본 일이 없어 넓적다리에 살이 붙었습니다. 세월이 가는 것은 빨라서 곧 늙음이 닥쳐올 텐데 아직 아무런 공업 功業을 이룬 것이 없어 그저 슬플 뿐입니다."

출전_삼국지 三國志

실생활에서는 이렇게 쓰인다

자수성가를 이룬 아버지와 달리 아들인 그는 하릴없이 시간만 보낼 뿐이라서 언젠가 비육지탄 脾肉之嘆의 후회를 할 게 뻔하다.

 Follower를 부르는 140자

샐러리맨이 자신의 커리어를 높이려는 노력을 하지 않으면 그저 책상만 지키고 있는 허수아비가 되어갈 뿐입니다. 40대 후반의 유비가 자신의 비육지탄을 경계하고 다시 각오를 되새긴 것처럼 다시 한 번 목표를 향해 뛰어보세요. 아직 당신은 다시 뛸 수 있는 나이입니다.

성공의 비결은 스피드!
先則制人 _{선 즉 제 인}

아주 옛날 옛적 고릿적 CF 카피 문구 중에 이런 말이 있었죠. "문제는 스피드~" 그때나 지금이나 사회에서 가장 중요한 성공의 척도는 바로 '스피드'입니다. 누가 먼저 정보를 접하고, 누가 먼저 자신이 가진 정보를 활용하느냐에 따라 성공여부가 갈립니다. 최근 스마트폰이나 태블릿PC 등의 유행으로, 또는 유용한 어플 개발로 성공신화를 써가는 이들도 많은데요. 그들 대부분이 누구나 생각할 수 있는 쉬운 아이디어라도 남보다 빠르게 기술로 구현한 덕분에 성공이 가능했다고 자평합니다. 진짜 성공하고 싶다면, "성공은 어디에나 있지만, 남보다 한 발 먼저 그것을 찾는 사람만이 성공의 달콤함을 누릴 수 있다"는 격언을 명심해야 할 것입니다.

선즉제인 : 먼저 선先 곧 즉則 억제할 제制 사람 인人
선수를 치면 남을 제압한다

남보다 먼저 행하면 남을 능가할 수 있다는 의미로, 선수를 쳐야 상대방보다 앞설 수 있다는 뜻으로 자주 쓰입니다.

Story of 선즉제인

진秦나라 때의 일입니다. 진시황을 이은 황제의 계속되는 폭정에 항거하여 진승과 오광 등이 농민군을 이끌고 궐기를 단행했습니다. 진승은 반정 세력을 모아 진나라의 도읍 함양을 향해 진격해 나갔는데요, 이에 자극을 받은 강동의 회계군수 은통도 옛 초나라 명장이었던 항연의 아들 항량을 불러들여 거병을 논했습니다.

"지금 모두가 진나라에 반기를 들고 있소. 이는 하늘이 진나라를 멸망코자 하는 까닭이라고 보오. 내가 듣기에 선수를 치면 남을 제압할 수 있고, 뒤처지면 남에게 제압당한다고 하니, 그대와 환초를 장군으로 삼아 군사를 일으킬까 하오." 이에 항량은 뜰아래 있던 항우에게 가서 몰래 "내가 눈치를 주거든 지체 없이 은통의 목을 쳐라"고 일렀습니다. 그 말에 따라 항우는 은통을 제거하는 데 성공합니다. 이후, 항량은 스스로 군사를 모아 함양으로 진격하던 중 전사하고 마는데요, 항량의 뒤를 이어 군의 총수가 된 항우는 유방과 더불어 진나라를 멸당시키는 데 성공합니다.

출전_사기史記

실생활에서는 이렇게 쓰인다

확고한 리딩뱅크로 비상하기 위해 선즉제인先則制人의 자세로 임하자.
─민병덕 국민은행장의 2011년 신년사 중에서

 Follower를 부르는 140자

> 때로 인간관계에서도 스피드는 중요한 조건입니다. 남과의 소통에 있어 먼저 자신의 마음을 여는 것이 빠른 소통의 비결일 테니까요. 뭐 간혹 불륜에 빠진 사람들이 "나의 죄는 사랑하는 사람을 너무 늦게 만났다는 것"이라는 변명을 늘어놓는 건 웃기지만요.

자르고, 깎고, 갈고, 닦고
切磋琢磨 절 차 탁 마

어렸을 때는 뒤늦게 공부를 시작하는 사람들의 마음을 도저히 이
해할 수 없었습니다.

세상에 재미있는 것들이 천지에 널렸는데 왜 하필 재미없는 공부
를 하려고 하는지 이해하기가 힘들었습니다. 그러나 나이가 들면
서 '배움'이 얼마나 재미있는 일인지 새삼 깨닫게 되었습니다.

그동안 몰랐던 것들, 진작 알았으면 좋았을 것들에 대한 아쉬움,
후회와 함께 새로운 것을 배워가는 재미가 쏠쏠합니다. 늦게 시
작한 공부라 비록 어디에도 써먹을 데는 없지만 공부로서 내 안이
가득 채워지는 것을 느낍니다. 맛있는 음식을 배불리 먹었을 때의
만족감 못지않은 충만함에 기쁘고 황홀합니다.

절차탁마 : 끊을 절切 찬탄할 차磋 쪼을 탁琢 갈 마磨
상아나 옥, 돌 등을 깎고 갈고 닦아 빛을 낸다

수양을 쌓는 것을 비유하는 말로, 특히 학문이나 기예 등을 힘써 갈고 닦
음을 의미합니다.

Story of 절차탁마

공자의 제자 자공은 언변과 재능이 뛰어난 이였는데, 어느 날 그가 스승에게 물었습니다.

"스승님, 가난하더라도 남에게 아첨하지 않고, 부자가 되어도 교만하지 않는 사람은 어떤 사람인가요?" 그러자 공자가 말했습니다. "가난하면서 도 道를 즐기고, 예 禮를 좋아하는 사람만은 못하지." 다시 자공이 물었습니다. "시경에 이르기를, 선명하고 아름다운 군자는 뼈나 상아를 잘라 줄로 간 것이나 옥, 돌 등을 쪼아 모래로 닦은 것처럼 밝게 빛난다고 하던데. 이는 스승님이 일러주신 대로 '수양에 수양을 거듭 쌓아야 한다'는 것을 말하는 건가요?" 그러자 공자는 "이제 너와 함께 '시경'을 말할 수 있게 되었구나. 너야말로 하나를 듣고 둘을 알 수 있는 인물이로다"라며 크게 기뻐하였습니다.

출전_논어論語

실생활에서는 이렇게 쓰인다

오랜 무명생활을 딛고 스타덤에 오른 배우 OOO는 무려 17여 년이란 세월 동안 연기 혼을 불태우며 절차탁마切磋琢磨해 온 인물이다.

Follower를 부르는 140자

공부하라고 할 땐 공부가 싫더니 이제는 시키지 않아도 자꾸만 공부가 하고 싶습니다. 필요할 땐 그렇게도 공부하기가 싫더니, 지금은 점점 공부가 재미있습니다. 공부로 인해 전혀 새로울 것 하나 없는 날들이 점차 새롭게 다가옵니다. 이런 게 바로 절차탁마의 기쁨인가 봅니다.

장수의 결의
馬革裹屍 마 혁 과 시

천안함 사태로 너무나 아까운 젊은 목숨들이 비명에 갔습니다.
이 일로 많은 사람들은 군대, 특히 해병대에 지원하는 사람들의
수가 줄어들지 않을까 걱정했습니다. 하지만 놀랍게도 천안함 사
태 이후 해군에 지원하는 사람들의 수는 오히려 늘었다고 합니다.
국방이나 국토수호 등에는 아무런 관심도 없을 것 같던 젊은이들
이 천안함 사태를 계기로 새삼 국토방위의 의지를 다지게 된 것입
니다. 이를 마냥 장하다고 기뻐해야 할지, 청춘의 안녕을 담보로
나라의 안녕을 기대해야 하는 현실을 슬퍼해야 할지 가늠이 되질
않습니다.

마혁과시 : 말 마馬 가죽 혁革 쌀 과裹 주검 시屍
말가죽으로 시체를 싸다

전쟁터에 나가는 장수의 각오를 이르는 말입니다. 비록 전쟁터에서
목숨을 잃을지언정 거기에 연연해하지 않겠다는 사나이다운 결의가
묻어 있는 말이죠.

story of 마혁과시

후한 광무제 때의 명장 마원이 남부지방 일대를 평정하고 수도로 귀환하자 많은 사람들이 그를 맞이하며 칭송했습니다. 하지만 마원은 그런 칭찬들을 마땅치 않아하며, "옛날 노박덕 장군이 남월을 평정하여 큰 공을 세우고도 작은 영토를 받았는데, 나는 큰 공을 세우지도 못했는데도 공에 비해 너무 큰 상을 받았습니다. 지금 흉노족과 우환이 북방지역을 침략하니 나는 이들과 맞서 싸울 요량이오. 大-대대장부로서 변경의 벌판에서 싸우다 죽는 것이 당연하고, 말가죽으로 시체를 싸서 장사지내면 그뿐 아니겠소." 라며 장수로서의 의지를 불태웠다고 합니다.

출전_후한서後漢書

실생활에서는 이렇게 쓰인다

마혁과시馬革裹屍의 각오가 필요한 건 전쟁터의 장수만이 아니다. 기업을 책임지고 있는 CEO 역시 마혁과시의 각오로 비즈니스라는 전장에서 승리해야만 한다.

 Follower를 부르는 140자

> 우리나라 역사상 가장 유명한 장군이라 하면 역시 이순신 장군과 김유신 장군이겠지요. 어렸을 때는 종종 친구들과 함께 어느 장군이 더 위대한지, 더 훌륭한지 입씨름을 하곤 했습니다. 왜구로부터 나라를 지킨 이순신 장군 VS 삼국통일의 위업을 달성한 김유신 장군, 여러분은 누구의 손을 들어주실 건가요?

책읽기의 왕도
讀書百遍 義自見 독 서 백 편 의 자 현

최근 대기업은 물론 대학가에서도 '독서클럽'이 활발하게 운영되고 있습니다.

또 CEO들 사이에서는 인문도서 다시 읽기 붐이 일고 있기도 하죠. 모 기업 대표는 인문도서 100권 읽기를 목표로 더운 여름에도 구슬땀을 흘리며 독서 삼매경에 빠져있더군요.

"책을 왜 읽느냐"는 물음에 그는 "책 속에서 답을 찾는다"고 말합니다.

뭔가에 확신이 없을 때, 망설이고 있을 때, 자꾸만 의기소침해질 때, 책 안에 지금의 나에게 주는 대답이, 과거에 내가 저질렀던 실수에 대한 반성이, 그리고 앞으로 내가 나아가야 할 길에 대한 가르침이 고스란히 나와 있다고 하더군요.

독서백편 의자현 : 읽을 독讀 글 서書 일백 백百 두루 편遍 옳을 의義 스스로 자自 나타날 현見

백 번 읽으면 뜻이 저절로 나타난다

아무리 어려운 글이나 책이라 하더라도 거듭 되풀이해 읽으면 그 뜻을 스스로 깨우쳐 알 수 있게 된다는 의미입니다.

Story of 독서백편 의자현

후한 말기에 동우董遇라는 이가 있었습니다. 가난했지만 항상 책을 손에서 떼지 않고 부지런히 공부한 끝에 황문시랑黃門侍郎이란 벼슬에 올라 임금님의 글공부 상대가 되었습니다. 하지만 정치 싸움에 휘말려 결국 한직으로 쫓겨나고 말았는데요. 전국 각지에서 그의 학식을 본받고자 배움을 청하러 오는 이들이 많았습니다. 그런 이들에게 동우는 다음과 같이 말하며 거절의 뜻을 나타냈다고 합니다.

"나에게 배우기보다 집에서 그대 혼자 책을 몇 번이고 자꾸 읽다보면 스스로 그 뜻을 알게 될 것이오."

출전_삼국지三國誌

실생활에서는 이렇게 쓰인다

옛 선인들의 지혜가 살아 숨 쉬는 인문고전은 언뜻 이해하기 어려운 부분이 없지 않지만, 독서백편讀書百遍이면 의자현義自見이라고 해서 여러 번 되풀이해 읽다 보면 어느새 그 재미에 푹 빠지게 될 것이다.

 ## Follower를 부르는 140자

서점가에서 인기 있는 학습서들은 대부분 '단박에' '단숨에' '한번에' '손쉽게' '무조건' 등의 제목을 달고 있습니다. 하지만 대부분의 전문가들은 공부나 독서에 획기적인 지름길이나 학습법 따위는 없다고 합니다. 어떤 책이건 꾸준히 완독하는 방법 이외에 다른 왕도는 없다는 것이죠.

처세의 조건
唾面自乾 타 면 자 건

홍선대원군에 대한 역사적 평가는 차치하고서라도, 그가 자신의 아들을 임금으로 세우기까지 온갖 굴욕을 감내한 일들은 실로 놀랍기 그지없습니다. 세도정치 하에서 언제 목숨을 잃을지 모르는 왕족으로 태어난 그는 권문세족들의 주목을 피하기 위해 온갖 난행을 서슴지 않았습니다. 그는 안동 김씨 양반의 가랑이 사이를 기었는가 하면, 잔칫집을 찾아다니며 밥을 얻어먹고는 했다죠. 어느 양반집에 음식을 얻으러 갔다가 그 집 종놈에게 얻어맞은 일까지 있었다고 합니다. 심지어 한 번은 누군가 식은 전 조각에다 침을 뱉어 내던진 일이 있는데 그것조차 웃으며 주워들고는 게걸스럽게 먹어치웠다 하더군요. 그렇듯 왕족으로서는 물론 사내로서도 차마 견딜 수 없는 온갖 수치와 굴욕을 감내한 덕분에 그는 결국 권문세족들의 의심에서 벗어나 자신의 아들을 임금으로 만들 수 있었던 것입니다.

타면자건 : 침 타唾 얼굴 면面 스스로 자自 마를 건乾
남이 내 얼굴에 침을 뱉으면 저절로 마를 때까지 기다린다

침을 뱉는다는 행위는 예나 지금이나 상대를 무시하는, 다분히 모욕적인 행위입니다. 그 침을 맞고서도 화내지 않고 저절로 마를 때까지 기다린다는 것은 인내하라는 이야기입니다.

174

Story of 타면자건

당나라 측천무후 시절, 유능한 신하 중 누사덕(婁師德)이라는 자가 있었습니다. 그는 아무리 무례한 일을 당해도 참고 넘길 줄 아는 온후한 성품을 가진 사람이었는데요, 어느 날, 아우가 대주 자사로 임명되자 이렇게 물었습니다.

"우리 형제가 다같이 출사하니 남의 시샘도 늘어날 것이다. 어찌 처신해야 좋을까?" 그러자 아우는 "비록 남이 내 얼굴에 침을 뱉더라도 잠자코 닦아내면 그뿐이죠. 결코 형님께 걱정을 끼쳐드리진 않겠습니다"라고 답했습니다.

이에 누사덕은 "그가 너에게 침을 뱉은 것은 네게 화가 났기 때문일 텐데, 네가 그리 행동하면 그의 화만 더욱 부추길 뿐이다. 어차피 침 같은 건 닦지 않고 그냥 두면 자연히 마르는 것이니 그런 때는 웃으며 침을 받는 게 제일이다"라고 충고했습니다.

출전_십팔사략十八史略

실생활에서는 이렇게 쓰인다

남들이 부러워하는 오늘날의 성공이 있기까지 그는 타면자건唾面自乾의 심정으로 온갖 허드렛일을 마다하지 않았다.

 Follower를 부르는 140자

Patience accomplishes its object, while hurry speeds to its ruin : 인내는 목적을 달성하게 하고, 서두름은 파멸을 재촉한다.
Whoever has no patience has no wisdom : 인내가 없는 사람은 지혜가 없는 사람이다. - 영국 즈언

투자를 아끼지 마세요
買死馬骨 매 사 마 골

언제나 '첨단 기술 확보'를 강조하던 국내 굴지의 대기업 총수가
요 근래 "인재를 확보하라"는 훈시를 내려서 화제가 된 적이 있습
니다. 하지만 회장님의 한 마디로 인재가 모여드는 것은 아니죠.
무엇보다 사람에 대한 투자가 선행되어야 합니다.

인터넷 기업 구글이 전 세계의 인재들로부터 일하고 싶은 직장으
로 손꼽히는 것은, 단순히 공짜로 이용할 수 있는 뷔페나 오락실
부럽지 않은 작업환경 때문만은 아닙니다. 그 사람의 실적이 아니
라 가능성을 보고 사람을 선택하고, 그렇게 모은 사람을 최고로
귀하게 여기는, 사람에 대한 투자가 있었기 때문입니다. 우리 기
업들도 단순히 높은 연봉으로 완성된 인재를 확보하려고만 하지
말고, 좋은 인재를 키우기 위한 노력, 즉 인재 투자에 정성을 기울
여야 할 때입니다.

매사마골 : 살 매 **買** 죽을 사 **死** 말 마 **馬** 뼈 골 **骨**
죽은 말의 뼈를 사다

귀중한 것을 손에 넣기 위해 먼저 공을 들이고 투자를 해야 한다는
것을 가리키는 말입니다.

176

Story of 매사마골

연나라의 소왕은 부왕을 살해하고 나라를 유린한 제나라의 원수를 갚으려고 스승 곽외에게 인재를 부탁하였습니다. 그러자 곽외가 말했습니다. "옛날 어느 임금이 천리마를 구하려고 애썼지만 구하지 못했습니다. 아무도 귀한 천리마를 팔지 않으려 했기 때문이죠. 어느 날 연인涓人이라는 신하가 와서 말하기를, 천금을 주면 천리마를 구해오겠노라고 장담했죠. 왕이 연인에게 천금을 주자, 연인은 오백 금을 주고 죽은 천리마를 사왔습니다. 그리고 임금에게 '죽은 천리다도 이렇게 후한 값을 주고 사들인 것을 알면, 천리마를 가진 사람들이 앞다퉈 나타나 천리마를 팔려 할 것입니다'라고 아뢰었습니다. 그 후 연인의 말대로 얼마 후 천리마를 가진 사람들이 임금 앞에 몰려들었다고 하더이다." 소왕은 곽외의 말을 듣고 자신을 찾아온 영재를 후히 대접하기 시작했습니다. 그러자 나라의 소문난 인재들이 왕을 찾아와 함께 일할 것을 간청했습니다. 그리고 소왕은 그들과 함께 제나라에 원수를 갚을 수 있었지요.

출전_전국책戰國策

실생활에서는 이렇게 쓰인다

지식경제부 장관은 "우리나라가 미래소재 강국이 되기 위해서는 투자를 아끼지 말아야 한다"며 "매사마골買死馬骨의 뜻을 갖고 10대 핵심 소재 사업을 추진해야 한다"는 뜻을 밝히고 나서…….

 Follower를 부르는 140자

더 존중받는 사람, 더 대접받는 사람, 더 사랑받기 위한 사람이 되기 위해 당신은 스스로에게 어떤 투자를 하고 계신가요? 아름다운 외고와 겉으로 드러나는 스펙을 쌓기 위한 투자도 좋지만 세상을 보는 눈, 사람을 이해하는 마음을 갖기 위해 먼저 투자해보면 어떨까요?

하늘까지 닿겠네요
破竹之勢 파 죽 지 세

2011년, 일본에서 가장 핫한 인기를 누리고 있는 인물 중 한 명이 바로 우리나라 배우 장근석입니다. 드라마 〈미남이시네요〉가 일본에서 방영된 이후 드라마의 인기와 함께 배우의 인기도 하늘 높은 줄 모르고 치솟고 있는데요, 일본에서의 가수 데뷔 싱글 앨범이 소녀시대를 뛰어넘어 일본 가요 차트인 오리콘 차트에서 주간 1위를 달성했는가 하면, 장근석 전문 잡지, 장근석 전문 캐릭터숍 등을 히트시킬 정도입니다.

그동안 일본 아줌마들의 혼을 쏙 빼놓았던 '욘사마' 배용준에 이어 10대와 2,30대의 젊은 일본 여성 팬들에게 열광적인 지지를 얻고 있는 배우 장근석 씨, 더욱 왕성한 활동으로 한국 젊은이의 매력과 신한류의 힘을 보여주세요.

파죽지세 : 깨뜨릴 파破 대나무 죽竹 갈 지之 기세 세勢
대나무를 쪼개는 기세

세력이 강대하여 적대하는 자가 없음을 비유하는 말로, 승승장구乘勝長驅 석권지세 席卷之勢로 바꾸어 쓸 수도 있습니다.

Story of 파죽지세

진 무제는 적국 오나라를 섬멸하기 위해 진남대장군 두예에게 출병을 명했습니다. 두예는 휘하 장수들과 오나라를 일격에 공격할 작전회의를 열었는데요. 이때 부하 장수 한 명이 반대 의견을 펼쳤습니다. "이제 곧 비로 인해 강물이 범람할 것이고, 전염병이 발생할지도 모릅니다. 일단 철군했다가 겨울에 다시 공격하는 것이 어떨까요."

그러자 두예는 단호하게 말합니다.

"아니 되오. 지금 우리 군의 사기는 대나무를 쪼개는 기세와 같소. 대나무는 처음 두세 마디만 쪼가면 그 다음부터는 칼날을 대기만 해도 저절로 쪼개지는 법이니 어찌 이런 좋은 기회를 놓친단 말이오." 결국 두예의 뜻대로 진나라의 군대는 오나라의 도읍을 공략하여 항복을 이끌어내고, 마침내 천하를 통일하게 됩니다.

출전_진서^{晉書}

실생활에서는 이렇게 쓰인다

충북 지역에서 구제역이 파죽지세**破竹之勢**로 번지는 가운데 혼합발효사료 등을 축산농가에 보급하는 소규모 사료공장 방역이 소홀하다는 문제점이 제기되고 있다.
-2011년 1월, 구제역 관련 뉴스 중에서

 Follower를 부르는 140자

꿈을 꾸고 있을 때 내 앞을 가로막는 것은 아무것도 없었다. 세상을 알게 되고, 현실을 배우게 되고, 조금씩 꿈을 포기하기 시작했을 때 다죽지세처럼 하늘을 뚫을 것만 같던 젊음의 치기는 슬며시 사라지고, 나는 내가 그토록 비웃었던 평범한 어른이 되어 버렸다.

사랑 : 명사
----

1. 상대에게 성적으로 끌려 열렬히 좋아하는 마음. 또는 그 마음의 상태.
2. 부모가 자식을, 스승이 제자를, 신이 인간을 아끼는 것처럼 상위 존재가 하위 존재를 소중히 여기는 마음.
3. 남을 돕고 이해하려는 마음.
4. 어떤 사물이나 대상을 몹시 아끼고 귀중히 여기는 마음.
5. 열렬히 좋아하는 상대.

세계를 호령한 영웅 나폴레옹도 아내 조세핀 앞에서는 단지 한 사람의 사랑의 포로였을 뿐입니다.

아이스크림을 좋아하는 아내 조세핀을 위해 알프스에서 파리까지 얼음을 공수하는 것은

물론, 자신이 죽을 때조차 '조세핀'의 이름을 불렀다고 합니다.

조세핀을 지극히 사랑했던 그는 조세핀이 전 남편과의 사이에서 낳은 아이들까지 친자식처럼

아꼈는데요.

조세핀의 아들 외젠의 혼처를 찾아 직접 유럽의 명문가를 뒤져 결혼시켰는가 하면 딸 오르탕스를

자신의 동생과 결혼시켜 든든한 사회적 신분을 안겨주었지요.

그 덕분에 나폴레옹이 몰락한 후에도 오르탕스의 아들은 나폴레옹 3세로 최초의 프랑스 대통령이자

두 번째 프랑스 황제로 등극하게 됩니다.

06
사랑

사랑이 꽃피는 뽕밭
桑中之喜 _{상 중 지 희}

나도향의 소설 『뽕』을 원작으로 하는 영화 〈뽕〉 시리즈는 직접 본
사람보다 그 이름을 알고 있는 사람들이 더 많은 토속에로영화입
니다. 재미있는 사실은 '뽕밭'은 중국에서도 은밀한 사랑을 속삭이
는 공간으로 알려져 있는데요. 뽕나무는 대부분 사람의 키보다도
훨씬 크고 울창하기 때문에 대낮에도 쉽게 인기척을 감출 수 있었
기 때문입니다. 그뿐인가요? 옛날에는 집에서 누에를 기르는 집
들이 많았는데, 이처럼 누에농사를 짓는 집에서는 뽕밭에 가는 것
이 그리 새삼스러운 일이 아니었습니다. 그러기에 아가씨든 아낙
네든 누에를 핑계로 뽕밭으로 간다고 해도 누구도 의심을 하지 않
았다고 하네요. 쉽게 갈 수 있고, 모습도 쉽게 감출 수 있는 뽕밭,
이보다 더 좋은 밀회 장소가 또 어디 있을까요?

상중지희 : 뽕나무 상桑 가운데 중中 어조사 지之 기쁠 희喜
뽕나무 밭에서의 즐거움

몰래 만나 즐기는 남녀 간의 밀회나 불륜, 간통을 이르는 말입니다.
상중지기桑中之期, 상중지약桑中之約, 상중지환桑中之歡도 모두 비슷한
의미의 고사성어입니다.

Story of 상중지희

옛날 중국에서도 남녀가 뽕밭에서 만난다고 하면, 대부분 육체적인 사랑이 이루어졌음을 뜻하는데요, 실제로 상중桑中이란 시는
'여기서 풀을 뜯는다/ 매의 마을에서/ 누구를 그리워하는가?/ 아름다운 처녀 맹강이로다./
나와 뽕밭에서 만나기로 약속하고/ 상궁까지 마중 나와/ 나를 강물 위에서 보낸다'
라는 내용을 담고 있는데요, 3장으로 쓰인 이 시에서는 둘째 장이나 셋째 장에서도 풀이름이나 장소 이름, 사람 이름만 다를 뿐 똑같은 내용을 담고 있어 여염집 아가씨들을 제대로 후려낸 난봉꾼의 연애 행각을 보여주고 있습니다.

출전_ 시경詩經

실생활에서는 이렇게 쓰인다

상중지희桑中之喜를 나눈 사이라 하더라도 마음이 돌아서면 남보다 못한 사이가 되고 만다.

 Follower를 부르는 140자

모 포털사이트에는 불륜녀들의 카페가 있더군요. 뽕밭이건 모텔이건 결국 은밀하게 만날 수밖에 없는 처지, 불륜이라는 죄를 안고 있는 처지이다 보니 인터넷 공간에서나마 동류를 만나 위로받고 싶은 거죠. 그럴 바에야 왜 떳떳한 사랑을 하지 않는 건지 입맛이 쓰네요.

잠 못 드는 밤의 연심
輾轉反側 ^{전 전 반 측}

달뜬 마음이 식지 않아
뜨거운 한숨이 방 안을 가득 메웁니다.

사모하는 마음을 누르지 못하고
눈치 없이 널뛰는 심장 소리가 귀를 울려
상념은 자꾸만 꼬리를 뭅니다.

긴 생각의 꼬리를 잡으려 이리저리 뛰다보니
어느새 잠들지 못한 밤이 저만치 도망갑니다.

전전반측 : 돌아누울 전輾 뒤척일 전轉 돌이킬 반反 곁 측側
잠을 못 이루고 뒤척임

돌아눕고, 뒤척이고, 다시 돌이켜 돌아누워 봐도 잠이 오지 않는 밤
이 있습니다.
요즘에는 걱정거리가 있을 때나 아파서 잠을 이루지 못하는 밤을 전
전반측한다고도 자주 쓰지만, 사실 전전반측은 아름다운 여인을 그
리워하느라 잠을 못 이루고 뒤척이는 것을 일컫습니다.

Story of 전전반측

공자孔子가 엮은 『시경詩經』 국풍國風 편에 나오는 관관저구關關雎鳩라는 한 시구詩句는 강기슭에서 우는 저구雎鳩라는 물새를 아름다운 숙녀에 비유하여 노래하고 나서 다음과 같이 덧붙이고 있습니다.

아름다운 아가씨를 자나깨나 구해본다
구하여도 얻지 못해 자나깨나 생각한다
생각하고 또 생각해 이리 뒤척 저리 뒤척 하노라
(悠哉悠哉 輾轉反側 유재유재 전전반측)

출전_시경詩經

실생활에서는 이렇게 쓰인다

짝사랑하는 그녀 때문에 그 녀석은 요즘도 계속 전전반측輾轉反側 한다더군.

 Follower를 부르는 140자

모두가 잠든 밤에 홀로 깨어 있다는 건 고통이기도 하고 달콤함이기도 합니다. 외로움은 고통이지만 외로움 속에 파고드는 망상은 달콤하듯이 말이죠. 사랑하는 님을 그리며 밤을 뒤척이는 사람에게 밤은 고통이기도 하고 달콤함이기도 합니다.

까마귀도 어여쁘다
屋烏之愛 옥 오 지 애

전 세계를 호령한 영웅 나폴레옹도 아내 조세핀 앞에서는 단지 한 사람의 사랑의 포로였을 뿐입니다. 아이스크림을 좋아하는 아내 조세핀을 위해 알프스에서 파리까지 얼음을 공수하는 것은 물론, 자신이 죽을 때조차 조세핀의 이름을 불렀다고 합니다.

조세핀을 지극히 사랑했던 그는 조세핀이 전 남편과의 사이에서 낳은 아이들까지 친자식처럼 아꼈는데요, 조세핀의 아들 외젠의 혼처를 찾아 직접 유럽의 명문가를 뒤져 결혼시켰는가 하면, 딸 오르탕스는 자신의 동생과 결혼시켜 든든한 사회적 신분을 안겨 주었지요. 그 덕분에 나폴레옹이 몰락한 후에도 오르탕스의 아들은 나폴레옹 3세로 최초의 프랑스 대통령이자 두 번째 프랑스 황제로 등극하게 됩니다.

옥오지애 : 집 옥屋 까마귀 오烏 어조사 지之 사랑 애愛
집 위의 까마귀까지 사랑스럽다

누군가를 사랑하면, 사랑하는 이의 집 지붕에 앉아 있는 까마귀까지 사랑스럽다는 뜻으로, 지극한 사랑을 비유적으로 표현한 말입니다.

Story of 옥오지애

은나라 주왕의 폭정이 극에 달하자 주나라 무왕이 이를 토벌하여 은나라를 멸망시켰습니다. 무왕은 나라를 안정시키기 위해 태공망에게 은나라의 잔당 세력들을 어떻게 처리하면 좋을지 물었지요. 태공망 왈曰, "신이 듣기에, 누군가를 사랑하면 그 집 지붕 까마귀마저 사랑스럽고, 그 사람이 미우면 그 집 울타리까지 미운 법이니 어찌 하시겠습니까?" 잔당들을 모두 제거하자는 뜻이었지만 무왕은 이를 기꺼워하지 않았습니다. 그러자 소공召公이 나서 "죄 있는 자만 죽이는 건 어떠합니까?"라고 하였지만, 무왕은 이마저 기꺼워하지 않았습니다. 이에 주공이 나서 "원래의 생활을 계속하게 하고, 그 중 어질고 덕 있는 사람을 중용하면 어떻겠습니까?"라고 하니 무왕이 그제 야 쾌히 그 말을 따랐다고 합니다.

출전_ 설원說苑

실생활에서는 이렇게 쓰인다

"옥오지애屋烏之愛의 심정으로 IBK의 모든 것을 사랑했고, 사랑하 겠습니다."
–2010년 12월, 윤용로 기업은행장의 퇴임사 중에서

 Follower를 부르는 140자

독일의 대문호 괴테는 이렇게 말했습니다. "사랑하는 이의 결점이 아름답 게 보이지 않는다면, 그것은 사랑하지 않는다는 증거다." 상대방의 모든 결 점과 사사로움이 귀이 보이고 아름다워 보이는 게 진짜 사랑이라는 얘기 죠.

사랑도 변한다
色衰愛弛 색 쇠 애 이

전국 위나라에 사랑스러운 미모로 임금 '영공'의 총애를 받던 '미자하'란 시동侍童이 있었습니다. 미자하를 너무나 사랑했던 임금은 그녀가 어머니가 아프다는 연락을 받고 멋대로 황제의 가마를 타고 성 밖으로 나갔을 때도 오히려 그의 효성을 칭찬했을 정도였죠. 어느 날 과수원에서 놀던 미자하가 자신이 먹던 복숭아를 임금에게 내밀자, 임금은 "맛있는 것을 저 먹지 않고 내게 양보하는 그 마음이 어여쁘다"며 그녀를 더욱 총애했습니다. 하지만 시간이 흘러 나이를 먹은 미자하는 예전 같은 미모도 사랑스러움도 잃어 갔습니다. 임금의 총애가 식어감을 느끼던 어느 날, 미자하는 작은 실수를 저질렀습니다. 그러자 임금은 "그가 예전에 내 가마를 훔쳐 타고, 감히 내게 자기가 먹던 복숭아까지 내민 자다!"라며 불같이 노해서 엄한 처벌을 내렸다고 합니다.

색쇠애이 : 색 색色 쇠할 쇠衰 사랑 애愛 늦출 이弛
아름다움이 쇠하면 사랑도 느슨해진다

젊어서 사랑받던 미인도 늙으면 그 사랑을 잃는다는 의미로, 아름다움의 부질없음과 사랑이 쉽게 변한다는 의미를 담고 있습니다. 미자하의 일을 빗댄 '여도지죄餘桃之罪 : 먹다 남은 복숭아를 먹인 죄'도 같은 의미를 가지고 있습니다.

Story of 색쇠애이

한나라 때 왕의 후궁으로 '첩여'라는 지위까지 올라가 '반첩여'라 불린 여성이 있습니다. 성이 반씨였던 그녀는 명문 집안의 딸로 미색에다 문장력까지 갖춘 재원이었다고 합니다. 그녀는 자신보다 황제를 먼저 생각할 줄 아는 겸손함에 내조까지 할 줄 아는 아름다운 여자였습니다. 그런 그녀를 황제도 지극히 아꼈지만, 세월이 흐르자 노래하고 춤추며 교태를 부리는 젊은 여성들을 가까이하기 시작했습니다. 이때 황제가 가까이 한 후궁들이 바로 '손바닥 위에서 춤을 추다'라는 뜻의 이름을 지닐 정도로 작은 발을 가져 총애를 받았던 '비연'과 '합덕' 자매입니다. 비연 자매의 미모와 교태에 반한 황제에게서 점점 멀어진 반첩여는 이후 늙은 태후와 차를 마시며 쓸쓸한 삶을 마감했다고 합니다.

출전_사기史記

실생활에서는 이렇게 쓰인다

남보다 조금 예쁘다고 잘난 척 해봐야 아무 소용없어. 누구라도 색쇠애이色衰愛弛하게 마련이거든.

 Follower를 부르는 140자

엘리자베스 테일러도, 오드리 햅번도 세월이 흐르자 늙고 말았습니다. 하지만 대중들은 주름투성이의 그녀들을 변함없이 사랑했습니다. 겉으로 보여지는 미모는 시들었을 지언정, 나눔을 실천하는 그 마음만은 눈부시게 아름다웠기 때문입니다.

사랑이 남긴 상처
相思病 상사병

역사 속 인물들 중에는 사랑 때문에 비극적인 최후를 맞이한 이들이 간혹 있습니다.

스웨덴의 백작 '한스 악셀 폰 페르젠1755~1810'은 사랑 때문에 처참한 말로를 맞이한 인물입니다. 그는 프랑스 대혁명으로 단두대의 이슬로 사라진 왕비 마리 앙투아네트의 연인이었는데요, 마리 앙투아네트의 죽음 이후 그는 '민중'이란 존재를 극도로 증오하게 되었다고 합니다. 조국 스웨덴에서 황태자와 함께 어울리며 정치에 참여했던 그는 폭정에 가까운 정치를 펼치게 되고, 자연히 민중들로부터 증오를 받게 됐습니다. 평생 독신을 고수하던 그는 스웨덴의 황태자가 갑작스러운 죽음을 맞게 되자 황태자를 독살했다는 누명을 쓰게 되었는데요, 결국 민중들의 습격을 받아 몰매를 맞아 삶을 마감하고 맙니다. 사랑하는 이를 잃은 슬픔이 증오로 변하고, 그 증오가 비참한 말로를 가져온 셈입니다.

> **상사병** : 서로 상相 생각 사思 병들 병病
> 서로 생각하여 든 병
>
> 사랑을 이루지 못하면 자연 아쉬움이 남습니다. 그리움이 남습니다. 생각이 남습니다. 그 생각이 깊어지면 마음에 병이 듭니다. 그래서 생각하는 병, 상사병은 남녀 사이에 서로 그리워하여 생기는 병이라는 의미입니다.

Story of 상사병

춘추 전국시대, 송宋나라에는 강왕이라는 폭군이 있었습니다. 그는 신하 한 빙의 아내 하씨에게 반해, 강제로 하씨를 자신의 후궁으로 삼았습니다. 그리고 한빙을 멀리 변방에 보내 혹독한 벌을 내렸는데요, 견디다 못한 한빙은 결국 자살하고 맙니다. 남편의 죽음을 알게 된 하씨는 천이 삭은 옷을 입고 성 위에 올라 자결하고 맙니다. 투신하는 그녀를 붙잡으려던 이들은 겨우 소매만 잡을 수 있었습니다. 그 소매에는 "남편과 함께 묻어 달라"는 그녀의 유언장이 남겨져 있었지요.

하지만 강왕은 그 마지막 소원까지 외면한 채 부부의 무덤을 서로 멀리 떨어뜨려 놓았습니다. 그런데도 밤만 되면, 두 무덤에서 각각 나무들이 자라나 서로 뿌리를 얽고 정답게 가지를 맞대는 것이었습니다. 그리고 그 나무 위에는 한 쌍의 원앙새가 앉아 구슬픈 울음을 그치지 않았다고 합니다. 그러자 사람들이 그 부부를 딱히 여겨, 그 나무에 상사수相思樹라는 이름을 붙여주었고, 그날 이후 이루지 못한 사랑 때문에 든 병을 일러 상사병相思病이라 칭하게 되었다고 합니다.

출전_수신기搜神記

실생활에서는 이렇게 쓰인다

인기배우 OOO가 첫사랑 때문에 9년 동안 지독한 상사병相思病을 앓았던 사연을 고백했다.

Follower를 부르는 140자

보고픔이 그리움이 되고, 그리움이 슬픔이 되고, 슬픔이 원망이 되고, 원망은 한(恨)이 되고, 한은 다시 보고픔이 되어 꼬리를 잇습니다. 사라지지 않는 그리움이 독(毒)이 되어 나의 온몸을 짓누릅니다.

인연의 끝
破鏡 ^{파 경}

예부터 거울은 인연의 증표, 즉 사랑의 증표로 자주 쓰이곤 했습니다.

거울은 귀한 물건이기도 했거니와 사물을 있는 그대로 비추기 때문에 사랑도 변하지 않기를 바라는 마음에서 귀중한 물건으로 취급되었지요.

멀리 떨어져 지내야 했던 연인들은 거울을 쪼개어 나누어 갖고, 서로를 그리워했습니다. 행여 거울이 흐려지거나 깨지면 사랑하는 이의 신변에 무슨 일이라도 생긴 건 아니지 걱정했고, 언제나 연인을 보듯 거울을 보며 사랑하는 마음을 지켜갔습니다.

그러고 보면 그 옛날의 거울은 지금의 핸드폰인 셈이었습니다.

영상통화로 상대의 얼굴을 보고 이야기하는 대신 거울에 비친 나를 보며 상대에게 다정한 밀어密語를 속삭였으니까요.

파경 : 깨트릴 파破 거울 경鏡

거울을 깨트리다. 거울이 깨지다

연인간의 이별이나 부부의 이혼 등을 비유하는 말로, 인연이 끊어짐을 뜻하는 말입니다.

Story of 파경

6세기 말경, 진陳나라의 관리 서덕언은 수隋나라와의 전쟁에 나가며 거울을 반으로 갈라 아내와 나눠가지며 말했습니다. "내년 정월 보름날, 시장에 반쪽 거울을 내다 파시오. 만약 내 그날까지 살아있으면 당신을 찾아가리다." 진나라가 수나라에 패한 뒤, 서덕언의 아내는 포로로 잡혀 수나라 대신의 집에 보내졌는데, 수치스러운 삶을 이어가면서도 그녀는 언제나 거울을 보며 남편을 그리워 했습니다. 1년 후, 아내는 약속대로 몰래 하인을 시켜 시장에 나가 반쪽 거울을 팔게 했습니다. 그러자 어느 누추한 차림의 사내가 다가와 다른 반쪽 거울을 꺼내 맞춰보더니, 이내 다른 반쪽 거울까지 하인에게 들려 보냈습니다. 아내가 받아본 거울의 뒷면에는 아내를 사랑하는 서덕언의 마음이 시로 쓰여 져 있었죠. 이를 본 후 아내는 식음을 전폐하고 울기만 했습니다. 이 사연을 알게 된 수나라 대신은 결국 두 사람의 사랑에 감동하여 그녀를 남편에게 돌려보내 주었다고 합니다.

출전_태평광기 太平廣記

실생활에서는 이렇게 쓰인다.

또 한 번의 이혼으로 세간의 화제를 모은 A씨! 파경破鏡의 여파로 캐스팅되었던 드라마의 출연이 사실상 어렵게 되었다.

Follower를 부르는 140자

깨진 거울은 강력 접착제만 있으면 다시 붙일 수 있습니다. 하지만 커다랗게 난 거울의 금은 감출 수 없죠. 사람의 인연도 마찬가지입니다. 설령 파경 이후에 다시 초강력 접착제로 콩합한다 하더라도 커다란 상처는 지울 수 없습니다. 그 상처를 어떻게 극복해 나갈지는 두 사람이 하기에 달렸다고 할 수 있지요.

중국의 4대 미녀
傾國之色 _{경 국 지 색}

서시, 왕소군, 초선, 양귀비 등은 중국의 4대 미녀입니다.

월나라의 미녀인 서시의 별칭은 침어沈魚, 즉 물고기가 헤엄치는 것을 잊고 가라앉을 정도의 아름다움이란 뜻입니다.

한나라의 미녀인 왕소군의 별칭은 낙안落雁, 기러기가 날갯짓을 깜빡 잊고 땅으로 떨어질 정도의 아름다움이란 뜻이죠.

삼국지에도 등장하는 삼국시대 최고의 미녀 초선의 별칭은 폐월閉月, 즉 '달이 부끄러워 얼굴을 가리다'라는 뜻입니다.

또한 중국 미녀의 대명사로 일컬어지는 당나라 미녀 양귀비의 별칭은 '꽃이 부끄러워 잎을 말아 올린다'라는 뜻의 수화羞花입니다.

이렇듯 치명적인 아름다움을 가진 탓에 그녀들은 모두 순탄한 삶을 살지 못했습니다. 나라를 망하게 하거나 영웅호걸들을 죽음으로 이끌기도 했던 만큼 스스로의 삶 역시 비극적인 운명을 맞이할 수밖에 없었습니다. 아름다움이 지나치면 독毒이 된다는 걸 증명해주는 사례인 셈이죠.

경국지색 : 기울 경 傾 나라 국 國 어조사 지 之 빛깔 색 色

나라를 기울게 하는 아름다움

한 나라의 운명을 좌지우지할 만큼 빼어난 용모를 지닌 미인을 이르는 말입니다.

Story of 경국지색

한나라 무제 때 음악을 관장하던 이연년에게는 아름다운 누이동생이 있었습니다. 그는 무제에게 자신의 누이동생을 천거하며, 그 아름다움에 대해 말하기를 "한 번 돌아보매 성을 기울게 하고傾城, 두 번 돌아보매 나라를 기울게 하노라傾國"라는 시를 읊었습니다. 이에 무제는 그의 누이동생을 불렀는데, 과연 그 오라비의 칭찬대로 세상을 놀라게 할만한 아름다움에 한눈에 반하고 맙니다. 그 후 무제가 그 여인과 사랑에 빠졌음은 두 말할 필요도 없겠죠.

출전_한서漢書

실생활에서는 이렇게 쓰인다

중국 상하이 주재 한국 외교관들과의 스캔들 소동을 일으킨 '덩여인'은 가히 경국지색傾國之色의 미모라고 알려져 있다.

 Follower를 부르는 140자

사람들은 경국지색이 라 달하며, 집안이 망하고, 나라가 망하는 것을 모두 남자를 홀린 여자 탓으로 돌립니다. 아름답게 태어난 것은 그녀들의 외형적 특징일 뿐이지, 그녀들의 죄가 아닙니다. 그 아름다움에 홀린 것도, 여색에 빠져 국사에 소홀한 것도 모두 남자들이 무능한 탓 아닌가요?

지독한사랑

舐犢情深 지 독 정 심

…

…

몇 번을 썼다가 다시 써도 마음에 차지 않습니다.

어떤 미사여구를 갖다 붙여도 그 사랑을 표현할 수가 없어서 입니다.

언젠가 다가올 이별을 생각만 해도 세상에 진도7의 강진이 일어나는 것만 같습니다.

발 디딘 곳이 흔들려 까마득한 저 밑으로 떨어질 것만 같습니다.

때때로 원망, 때때로 미움, 때때로 집착, 그보다 큰 고마움, 감사 …. 그리고 슬픔과 감동.

세상의 모든 감정을 가르쳐 준 부모님의 사랑입니다.

지독정심: 핥을 지舐 송아지 독犢 인정 정情 깊을 심深

송아지를 핥는 깊은 정

어미소가 송아지를 핥아서 귀여워하듯 어버이의 사랑은 그만큼 깊고 맹목적이라는 뜻입니다.

Story of 지독정심

동한시대에 양수楊修라고 하는 이는 학식이 해박하고 재능이 뛰어나 조조에게 신임을 받았습니다. 하지만 재능이 너무 뛰어났던 탓에 조조는 한편으로 그의 재능을 시기하기도 했죠. 조조가 한중漢中에서 유비의 대군과 맞붙었을 때, 저녁 밥상에 오른 닭요리를 보고 '계륵鷄肋'이라 말했는데요, 부하 모두가 그 숨은 뜻을 몰라 어리둥절해 있는데 오직 양수만이 그 뜻을 알아듣고 보따리를 싸고는 동료에게 돌아갈 준비를 하라고 일렀습니다. "계륵은 맛은 없지만 버리긴 아까운 것이다. 한중을 여기다 비유했으니 승상께서는 일단 철수하기로 결정한 것이다"라면서요. 그 뒤 조조는 정말 양수의 말대로 군대를 물리고 퇴진했지만 양수에게 군심을 어지럽혔다는 죄명을 씌워 죽이고 맙니다.

조조가 자신의 땅으로 돌아와 수척해진 양수의 부친 양표의 모습을 보고 그 이유를 물었습니다. 그러자 양표가 눈물을 흘리며 "긴 안목이 없는 것을 부끄럽게 여기고, 늙은 소가 송아지 새끼를 핥아주듯 깊은 사랑이 없었던 것을 한탄할 뿐입니다"라고 말했습니다.

출전_후한서後漢書

실생활에서는 이렇게 쓰인다

그 어머니의 지독정심舐犢情深으로, 불치병에 걸렸던 아들은 의사들의 예상보다 5년 이상을 더 살 수 있었다.

 Follower를 부르는 140자

짐승이 가장 무서울 때는 먹이를 지킬 때가 아니라, 새끼를 지킬 때라고 합니다. 침팬지 어미는 그 새끼가 죽고 난 뒤에도 한동안 죽은 새끼를 업고 다닌다고 합니다. 부모의 마음은 동물이나 사람이나 매한가지인가 봅니다.

짧고 강렬하다
雲雨之情 운우지정

한 남자가 우연히 보게 된 사진 속의 여자에게 반합니다. 남자는 시간까지 거슬러 올라가 과거의 그녀와 만나게 됩니다. 꿈에도 그리워했던 그 여자와 사랑을 나누었지만 결국 남자는 다시 혼자서 현재로 돌아올 수밖에 없습니다. 현재로 돌아온 그는 그녀를 찾아 헤맵니다. 그리고 마침내 자신과 짧게나마 운우지정을 나누었던 그녀가 그 후로도 내내 혼자 살다 자신을 그리워하며 죽었다는 사실을 알게 되죠. 영화 〈슈퍼맨〉의 주인공이기도 했던 크리스토퍼 리브가 주연한 〈Somewhere In Time〉이라는 영화 이야기입니다. 이렇다 할 진한 키스신도, 운우지정의 장면도 그려지지 않았지만 서로를 향한 절절한 그리움과 사랑을 느낄 수 있어 예나 지금이나 사랑받는 고전 로맨스 영화입니다.

운우지정 : 구름 운 雲 비 우 雨 갈 지 之 뜻 정 情
구름과 비와 정을 나누다

'구름과 비를 만나는 즐거움'이라는 의미로, 사랑에 흠뻑 취한 남녀의 하룻밤을 의미합니다. 운우지락 雲雨之樂이라고 쓰이기도 하죠.

198

Story of 운우지정

중국 전국시대, 초나라 회왕은 어느 날 낮잠을 자다 꿈속에서 묘령의 여인을 만나게 됩니다. 일반죠으로 낮잠을 잘 때 꾸는 꿈은 개꿈이기 쉽다는데, 회왕은 무슨 복이 그렇게 많았는지 세상에서 보기 어려운 미녀와 뜨거운 사랑을 나누는 꿈을 꾸게 되었다죠. 저 스스로 찾아와 왕을 홀린 미녀는 헤어짐을 아쉬워하는 왕에게 헤어질 때 자신의 정체에 대해 말했다 합니다. "저는 무산巫山 남쪽의 신녀로, 아침에는 구름이 되고 저녁에는 비가 되어 양대 아래에서 아침저녁으로 왕을 그리워할 것이옵니다." 다음 늘 아침, 전날 낮잠의 꿈을 기억한 왕이 무산 쪽을 바라보니 과연 묘령의 여인의 말대로 산봉우리에 아름다운 구름이 걸려 있었습니다.

이에 왕은 미녀를 위해 그곳에 조운묘朝雲廟라는 사당을 세웠다고 합니다. 꿈결에 스쳐 지나간 인연에 대한 아쉬움과 연모의 정 때문이 아니었을까요?

출전_문선文選

실생활에서는 이렇게 쓰인다

젊은 시절 한때 운우지정雲雨之情을 나눈 A씨와 B씨는 부모의 반대로 헤어진 뒤 60년 만에 다시 만나 진실한 사랑을 확인하고 결혼에 골인했다고 합니다.

Follower를 부르는 140자

폭풍 같은 사랑, 불꽃같은 사랑, 활화산 같은 사랑… 사랑의 종류는 참으로 다양합니다. 그 외에도 이슬처럼 촉촉이 스며드는 사랑, 구름 위의 황홀경 같은 사랑도 있죠. 마음으로 먼저 시작하는 사랑도 있고, 몸으로 먼저 시작되는 사랑도 있고요. 여러분은 지금 어떤 사랑을 하고 계신가요?

피로 맺은 사랑의 맹세
割臂盟 ^{할 비 맹}

한 여인을 사랑하는 남자가 있었다.

절벽 위의 꽃처럼 자신의 손에 닿지 않는 여자에게 남자는 변하지 않는 사랑을 맹세했다.

매일 아침, 그는 그녀의 집으로 찾아가 꽃을 전하고 사랑을 맹세했다.

하루가 가고, 이틀이 가고, 백일의 맹세 끝에 드디어 여자는 남자의 진심을 받아주었다.

"백일이나 나를 위해 한결같은 사랑을 맹세하다니, 그 사랑에 감복했어요."

그러자 남자가 크게 기뻐하며 말했다.

"고맙소. 내 오직 당신만을 위해 살리라"

여자와 헤어져 돌아오는 길에 남자는 만족감에 차서 중얼거렸다.

"자, 이제 다음은 어느 집이더라?"

할비맹 : 나눌 할 **割** 팔 비 **臂** 맹세할 맹 **盟**

팔뚝을 베어 피로 맺은 맹세

우정이 아닌, 남녀 간의 심지 굳은 사랑의 맹세를 의미하는 말입니다.

Story of 할비맹

노나라의 열여섯 번째 군주 장공莊公은 맹임孟任이란 여자와 사랑에 빠졌습니다. 하지만 장공의 어머니인 문강은 끝내 두 사람의 사이를 허락하지 않았습니다. 제나라 출신인 문강은 자신의 아들이 제나라 여자와 결혼하기를 원했기 때문입니다. 이에 장공과 맹임은 각각 팔뚝을 베어 피를 가시며 서로의 사랑을 맹세하고, 아들까지 낳게 됩니다. 하지만 이처럼 굳은 맹세에도 불구하고 결국 두 사람은 정식 부부의 연을 맺지 못했고, 맹임은 장공의 어머니 문강의 외조카인 애강과 혼인한 후 오래지 않아 병을 얻어 죽고 맙니다.

출전_ 춘추좌씨전春秋左氏傳

실생활에서는 이렇게 쓰인다

남녀 사이란 아무리 할비맹割臂盟한 사이일지라도 방심할 수만은 없다. 사랑은 움직이는 것. 무조건적인 신뢰는 믿고자 하는 이의 어리석은 바람일 뿐이다.

 ## Follower를 부르는 140자

굳은 사랑의 맹세를 논할 때 대표적으로 쓰이는 고사성어 할비맹의 주인공인 장공과 맹임 커플도 결국은 헤어지고 말았습니다. 장공에게 버림받은 후, 팔뚝의 흉터를 본 맹임은 어떤 심정이었을까요? 이리 될 걸 왜 그리 유난을 떨었나 후회하진 않았을까요? 아니면 자신에게 그런 상처를 남기고 간 장공을 원망했을까요? 아니면 그래도 사랑했고 사랑받았던 기억이 소중했을까요?

의리 : 명사
----
1. 사람으로서 마땅히 지켜야 할 도리. [비슷한 말] 예의
2. 사람과의 관계에 있어서 지켜야 할 바른 도리.
3. 남남끼리 혈족 관계를 맺는 일.

춘시대에 백아라는 거문고의 명수가 있었습니다. 그에게는 종자기라는 둘도 없이 친한 친구가 있었어요. 백아가 거문고를 타면, 종자기는 백아의 거문고 소리가 무엇을 표현하는지 꼭 집어내곤 했습니다.

을 표현한 가락에는 산의 기를 느낄 수 있다 하였고, 물을 표현한 가락에는 물의 기를 느낄 수 있다 했습니다. "말하지 않아도 알아~"라는 모 CM 송처럼 굳이 입 밖에 내지 않아도 누구보다 백아의 마음과 백아의 거문고 소리를 잘 알아주는 친구였던 셈이죠. 종자기가 병을 얻어 목숨을 잃자, 백아는 비탄에 빠져 거문고 줄을 끊고 다시는 거문고를 타지 갔다고 합니다. 세상 사람들 모두가 자신을 거문고의 명수라 칭찬하고 대접해주어도 가장 돈독한 팬이자 장 소중한 친구를 잃은 슬픔을 씻을 수는 없었기 때문이죠.

브로맨스를 아시나요 교칠지심
옛 시안의 벗 북창삼우
너의 간과 쓸개를 보여줘 간담상조
너 없이는 살 수 없어 수어지교
단단하고 향기로운 우정 금란지교
만나면 좋은 친구 익자삼우
목욕탕 우정 막역지우
벗을 잃은 슬픔 백아절현
복숭아 동산의 맹세 도원결의
소꿉친구, 평생친구 죽마고우
오성과 한음 망년지교
의리를 잊었구려 관포지의
죽음도 무섭지 않아 문경지교
친구라면 이들처럼 관포지교
친구를 대접하는 법
모우전구

07
의리 義理

브로맨스를 아시나요
膠漆之心 교 칠 지 심

남자들의 우정 하면 끈끈함, 깊은 유대 등을 연상하기 마련인데요, 유별날 정도로 서로를 끔찍이 아끼는 친구 사이를 일컫는 말로, 브로맨스Bromance 라는 신조어가 있습니다. '브라더Brother'와 '로맨스 Romance'의 합성어인 이 단어는 '이성애자인 남성 친구들간의 정신적 교감'을 의미하고 있습니다. 즉 섹슈얼한 관계는 아니지만, 아주 친밀한 관계를 보여주는 친구 사이를 뜻하는 말입니다. 헐리웃에서는 벤 에플렉과 맷 데이먼, 브래드 피트와 조지 클루니가 대표적인 브로맨스 관계로 언급되는데요, 이 브로맨스에 대한 대중들의 관심이 높아짐에 따라 미국이나 영국의 드라마 속에서는 브로맨스 관계를 자랑하는 캐릭터들이 많이 등장합니다. 우리나라에서도 폭발적인 관심을 모은 영국 드라마 〈셜록〉의 주인공 셜록 홈스와 왓슨은 그 대표적인 예입니다.

교칠지심 : 아교 교膠 옻 칠漆 어조사 지之 마음 심心
아교와 옻 같은 마음

아교와 옻처럼 아주 끈끈한 사귐을 뜻하는 말입니다. 매우 친밀하여 떨어질 수 없는 사이를 일컫고 있죠.

Story of 교칠지심

당나라 때 백낙천과 원미지는 함께 과거를 보고, 함께 벼슬길에 나간 절친한 친구 사이였습니다. 두 사람은 한나라 시대의 민요를 토대로 백성들의 고통과 괴로움을 노래하는 신악부新樂府를 지었는데, 이것이 화근이 되어 두 사람 다 시골로 좌천이 되었습니다. 서로 떨어져 있는 동안 백낙천은 친구 원미지에게 편지를 썼는데요, 이 편지에는 친구를 향한 그리움이 너무도 애틋하고 절절하게 잘 표현되어 있습니다.

"미지여, 자네의 얼굴을 보지 못한 지 3년, 자네의 편지를 못 받은 지도 2년이 되었네. 인생은 결코 길지 않건만, 이렇게도 떨어져 있어야 하니 안타까운 마음뿐이라네. 아교와 옻칠 같이 끈끈이 붙어 있고 싶은 마음이지만 북쪽 땅과 남쪽 땅에 멀리 떨어져 있으니 나아가도 서로 만나지 못하고, 물러서도 서로 잊을 수 없네. 미지여, 미지여, 어찌하랴, 어찌하랴. 하늘이 진실로 이렇게 하신 것이라면 이것을 어찌하란 말이던가."

출전_ 백씨문집 白氏文集

실생활에서는 이렇게 쓰인다

교칠지심膠漆之心을 맹세했던 우리 사이가 이리도 소원해질 줄은 미처 몰랐다.

 Follower를 부르는 140자

역사 속에 언급되는 남자들의 우정은 그리도 많은데, 왜 여자들의 우정은 찾아보기 힘들까? 여자들은 남자처럼 교칠지심 같은 우정을 쌓지 못해서? 아니면 역사에 언급될 만한 사회적 위치를 확보하지 못해서? 만약 여성 중심으로 기록된 역사서가 있었다면 어떤 여자들의 우정이 기록되었을지 자못 궁금하다.

옛 시인의 벗
北窓三友 북창삼우

에어컨도 선풍기도 없던 시절, 옛 사람들은 그저 시원한 바람만으로 더위를 견뎌야 했습니다. 특히 술잔에 뜬 달을 보며, 차가운 술로 더위를 잊고, 속세의 분주함을 씻는 것은 옛 시인의 풍류였습니다. 겨울에는 한파와 눈서리 속에서도 멋을 보여주는 소나무, 대나무, 매화 등을 보며 계절의 정취를 만끽하기도 했죠. 바람이 불면 부는 대로, 달이 뜨면 뜨는 대로, 눈보라가 치면 치는 대로, 시인은 자연만물 속에서 마음을 위로해주는 벗을 발견한 것입니다.

북창삼우 : 북녘 북北 창 창窓 석 삼三 벗 우友
북쪽 창의 세 가지 벗

풍류를 더해주는 세 가지 벗, 즉 거문고琴, 술酒, 시詩를 가리키는 말입니다.

Story of 북창삼우

백거이(白居易)는 당(唐)나라의 가장 뛰어난 시인 중 한 명입니다. 그의 시 중에서 북창삼우를 노래한 시가 있는데요, 북창 아래서 얻은 세 친구를 노래한 내용입니다.

"오늘 북창 아래서 무엇하느냐 자문하네
세 벗을 얻었으니 세 벗은 누구던가
거문고를 뜯다 술을 마시고 술을 마시다 시를 읊으니
세 벗이 번갈아 서로를 끌어주어 돌고 돎이 끝이 없구나."

거문고를 뜯다가 술로 목을 축이고, 술기운에 시를 읊고, 시를 읊다가 흥이 나서 다시 거문고를 뜯는 일이 계속 반복된다는 내용입니다. 왠지 고요한 달밤에 창 앞에서 홀로 흥에 취해 풍류를 즐기는 시인의 모습이 눈앞에 그려지지 않나요?

출전_ 북창삼우시 北窓三友詩

실생활에서는 이렇게 쓰인다

북창삼우北窓三友의 정취가 느껴지는 고택古宅에서 달을 바라보며 술잔을 기울이다.

Follower를 부르는 140자

후끈 달아오르는 열대야 날씨에 아이팟에서 흘러나오는 발라드에 취해 복분자 한 잔을 홀짝여 봅니다. 책장에서 먼지 가득 뒤집어쓴 시집 한 권을 꺼내 옛 사람의 정취를 흉내내봅니다. 거문고, 술, 시의 북창삼우가 부럽지 않은 밤입니다.

너의 간과 쓸개를 보여줘
肝膽相照 _{간 담 상 조}

2011년, 가장 화제를 모은 영화는 역시 〈써니〉일 텐데요. 그저 아줌마들의 소소한 추억담 정도로 치부했던 '작은' 영화가 무려 700만 이상의 관객을 동원하는 놀라운 '힘'을 보여줬습니다. 영화의 인기 비결로 손꼽힌 것은 '복고'였지만, 의외로 많은 관객들의 흥미를 유발한 건 10대 소녀 때부터 아줌마가 된 이후까지 서로를 생각하는 여자들의 '우정'이었습니다. 남자들 못지않은 끈끈하고 찐득한 여자들만의, 여자들 특유의 우정을 보고 싶은 분들이라면 꼭 한 번 봐야 할 영화가 아닐까요?

간담상조 : 간 간肝 쓸개 담膽 서로 상相 비칠 조照
간과 쓸개를 서로에게 내 보인다

뭔가 흉계를 꾸미는 것 같은 사람을 흔히 '뱃속이 시커먼 놈'이라고 표현하곤 합니다. 배 안에 무엇이 들어 있는지 알 수 없는 사람과 친구가 되기는 힘들겠죠. 그래서 마치 간과 쓸개처럼 가까이 붙어 있고, 서로의 뱃속을 환히 들여다본다는 것을 의미하는 간담상조는 서로 마음을 터놓고 친밀히 사귐을 뜻합니다.

Story of 간담상조

중국 당나라의 유종원과 유몽득은 서로 절친한 친구 사이였습니다. 둘은 비슷한 시기에 각각 유주자사^{柳州刺史}와 파주자사^{播州刺史}로 임명되었는데요, 조금 더 살기 편한 고장인 유주와 달리 파주는 머나먼 변방에 위치한 궁벽한 지방이었습니다. 게다가 유몽득은 늙은 어머니를 모시고 있는 처지였지요. 이에 유종원은 "파주 같은 면 변방지역으로 어찌 노령의 모친을 모시고 갈 터인가. 그 사실을 어찌 모친에게 알릴 수 있을 것인가. 명을 거스르게 되더라도 조정에 간청하여 몽득 대신 내가 파주로 가야겠다"고 나섭니다.

훗날 유종원이 죽은 후 '한유'라는 이가 유종원의 묘에 "사람이란 어려운 일을 당했을 때 참된 절의가 나타나는 법이다. 평소에는 그리워하고 마치 간담을 내보일 것처럼 우정을 맹세해도 결국 이해관계 앞에서는 쉽게 와해되고 만다"며 유종원의 우정을 찬양하는 글을 남겼습니다.

출전_ 유자후묘비명^{柳子厚墓碑銘}

실생활에서는 이렇게 쓰인다

60년 만에 한국 땅을 찾은 참전용사 A씨는 전쟁 당시 간담상조^{肝膽相照}했었던 친구 B씨와의 극적인 해후에 뜨거운 눈물을 쏟았다.

Follower를 부르는 140자

칭찬만 해주는 친구와 쓴소리로 과감하게 친구의 단점을 지적하는 친구가 있습니다. 당신이 위기에 처했을 때 칭찬만 하던 친구는 "다시 일어설 수 있다"고 격려했고, 쓴소리를 마다 않던 친구는 따끔한 질책을 가하면서도 문제 해결을 위해 함께 뛰어주었습니다. 누가 더 좋은 친구일까요?

너 없이는 살 수 없어
水魚之交 수 어 지 교

역사, 지리, 과학, 의학 등의 학문에 남다른 식견을 갖고 있었던 정약용은 조선시대 천재 중의 천재입니다. 특히 정약용은 그 뛰어난 학식 덕분에 정조 임금에게 신뢰와 총애를 받은 것으로도 잘 알려져 있는데요, 정약용이 스무 살 무렵 소과에 급제한 후 성균관에서 대과를 준비할 때부터 정조는 이 뛰어난 인재에게 각별한 관심을 보였다고 합니다. 인재발굴을 위해 성균관 유생들을 대상으로 치른 시험에서 정약용은 거의 전 과목 1위를 차지한 때문인데요, 이후 정약용이 버슬에 나아갔을 때도 늘 그의 의견을 묻고 뜻을 나눴음이 여러 사료에 남겨져 있습니다. 개혁의지를 가진 군주와 그 군주의 마음을 누구보다 잘 꿰뚫고 있는 천재 신하의 만남은 그야말로 물 만난 고기와 같다고 할 수 있습니다.

수어지교 : 물 수水 고기 어魚 어조사 지之 사귈 교交
물과 물고기의 사귐

서로 떨어질 수 없는 친한 사이를 이르는 말로, 군신君臣이나 부부처럼 매우 친밀한 사이를 뜻하기도 합니다.

Story of 수어지교

유비가 삼고초려를 하며 제갈공명을 맞이할 때부터 관우와 장비는 그 사실이 탐탁지 않았습니다. 그도 그럴 것이 제아무리 현명하다 해도 공명은 유비보다 스무 살이나 어린 젊은이에 지나지 않았으니까요. 그런데도 유비가 공명을 깍듯하게 대접하고, 전폭적인 신뢰를 쏟아부으며 친분을 쌓아나가자 관우나 장비의 불만은 점점 더 커져만 갔습니다. 이를 알아챈 유비가 관우와 장비를 달래며 말했습니다. "내게 공명이 있음은 물고기에게 물이 있는 것과 같다. 원컨대 이에 대해 두 말을 하지 말아라."

출전_삼국지三國志

실생활에서는 이렇게 쓰인다

"한중 관계는 수어지교水魚之交 라는 말로 표현될 정도로 밀접하다"
—이규형 주중한국대사의 중국 우한대학교 특별강연 중에서

 Follower를 부르는 140자

오래 만나지 않아도 금세 의기투합할 수 있는 이가 있습니다. 마음에 그림자가 없이 서로를 인정하는 사이는 특히 더 빨리 가까운 사이가 될 수 있죠. 편견에서 나를 자유롭게 하고, 잊었던 소중함을 일러 되새겨주는 수어지교 같은 친구, 당신은 갖고 있나요?

단단하고 향기로운 우정
金蘭之交 _{금 란 지 교}

우정은 아주 우연한 계기로 시작돼 특별한 인연으로 남는 경우가 많습니다. 많은 이들이 익히 잘 알고 있는 영국 수상 처칠과 페니실린을 발명한 플레밍의 우정이 바로 그런 예입니다. 어린 시절 처칠이 물에 빠졌을 때 플레밍이 구해주고, 가난해서 공부를 할 수 없게 된 플레밍을 처칠이 구해주고, 다시 처칠이 폐렴에 걸려 목숨이 경각에 달했을 때 플레밍의 페니실린으로 살아날 수 있었다는 이야기는 마치 한 편의 멋진 소설 속의 이야기 같습니다.

신분의 차이를 뛰어넘은 두 소년의 아름다운 우정과 그 우정이 서로의 운명을 좌우한 것, 그리고 그들 둘 다 세계적으로 유명한 인물이 되었다는 게 너무나 드라마틱하기 때문이죠.

금란지교 : 쇠 금金 난초 란蘭 어조사 지之 사귈 교交
황금과 난초 같은 사귐

단단하기가 황금과 같고 아름답고 향기롭기가 난초와 같은 사귐이라는 의미로, 친구 사이에 서로 마음이 맞고 우정이 두터움을 이르는 말입니다.

Story of 금란지교

흔히 주역周易이라고도 부르는 역경易經은 점을 치는 책으로 잘 알려져 있습니다. 하지만 역경은 어떻게 해석하느냐에 따라 점서라고도, 혹은 군자의 수양에 대한 책이라고도 볼 수 있습니다. 워낙 난해한 은유로 씌어져 있어 해석 방법에 따라 책의 성격까지 달라지기 때문입니다.

이 역경의 우정편에는 이런 구절이 있습니다.

"두 사람이 마음을 하나로 합치면 그 날카로움은 쇠도 끊을 것이고, 마음을 합해 말하면 그 향기가 난초와 같다."

친구 사이의 우정의 가치를 비유적으로 논하고 있는 것입니다.

출전_역경易經

실생활에서는 이렇게 쓰인다

금란지교金蘭之交를 나눴던 친구의 죽음을 전해 듣자마자 그는 망연자실한 모습으로 고개를 떨어트렸다.

Follower를 부르는 140자

비슷한 처지나 환경에 있는 사람과는 서로가 공감할 수 있는 공통인자들이 많기에 쉽게 친해질 수 있습니다. 서로 많은 것이 다르지만, 그 다름을 인정하고 그 다름에 끌려서 우정을 쌓아가는 관계는 어려운 만큼 귀하고, 귀한 만큼 더욱 소중하다고 할 수 있습니다.

만나면 좋은 친구
益者三友 익 자 삼 우

오래 전 선생님께서 이런 말씀을 하셨습니다. "한 채의 집보다 더 가치가 있는 건 한 명의 친구"라고. 어렸을 때는 그 말을 잘 이해하지 못했었죠. 제아무리 친구가 좋다한들 내 집만큼 좋을까. 그저 반 친구끼리 사이좋게 지내라는 말씀이시구나 싶었죠. 하지만 이제는 알 것 같습니다. 친구는 집처럼 나를 쉬게 해주고, 비바람 맞지 않게 나를 품어주며, 함께 희로애락을 나눌 수 있어 귀한 존재란 것을…. 좋은 집을 고르는 정성으로 좋은 친구를 고르는 정성이 필요하다는 것을요.

익자삼우 : 다할 익益 놈 자者 석 삼三 벗 우友

이로운 세 명의 친구

서로 사귀어서 이롭고 보탬이 되는 세 종류의 친구를 일컫는 말입니다.

Story of 익자삼우

삶에 대해 교훈이 될 많은 이야기를 전해준 공자께서는 벗에 대해서도 좋은 가르침을 많이 남겼는데요. 특히 친구를 선택하는 문제에 대해 다음과 같이 정의했습니다. "정직하고 길음직스럽고 지식이 있는 친구"는 사귐이 이로운 친구이며, "편협하고 남에게 아첨만 하고 성실하지 못한 자"를 벗하면 손해라는 이야기입니다.

출전_논어論語

실생활에서는 이렇게 쓰인다

익자삼우益者三友를 얻고 싶다면 스스로도 정직하고, 믿음직스럽고, 지식이 있는 사람이 돼야 할 것이다.

 Follower를 부르는 140자

"애는 착한데, 친구를 잘못 만나서 나쁜 길로 빠졌다." 부모님의 이런 변명은 이제 식상합니다. 식상한 변명 대신 일찌감치 좋은 친구를 사귈 수 있는 익자삼우(益者三友) 손자삼우(損者三友)의 교훈을 가르쳐 주면 어떨까요?

목욕탕 우정
莫逆之友 _{막 역 지 우}

우정을 쌓기에 가장 좋은 장소는 역시 목욕탕이죠.

물론 여자는 친해지고 나서 함께 목욕탕에 가고, 남자는 목욕탕에 가서 서로의 때를 밀며 더욱 친해진다고 하지만, 여하튼 목욕탕에 함께 다녀온 친구 사이는 단번에 마음의 거리가 확 좁혀듭니다. '옷'이라는 최후의 장막을 걷어내고, 더 숨길 것도 더 드러낼 것도 없는 알몸이 되고 나면, 그야말로 서로에게 거리낌 없는 사이가 된 셈입니다.

나이도 직업도 다른, 서로에게 공통점이라고는 하나도 없을 것 같은 생면부지의 남남이 '사우나 친구'로 거듭나는 경우가 많은 것도 바로 맨몸으로 쌓은 우정의 끈끈함을 보여주는 예가 아닐까요?

막역지우 : 없을 막莫 거스를 역逆 어조사 지之 벗 우友

거리낌이 없는 친구

서로에 대해 너무도 잘 아는, 아주 친밀한 친구를 이르는 말입니다.

Story of 막역지우

자사子祀와 자여子輿와 자리子犁와 자래子來라는 이가 한데 모여 이야기를 나누게 되었습니다. 네 사람은 우정에 대해 이야기하며 "누가 능히 무無로써 머리를 삼으며, 삶으로써 등을 삼고, 죽음으로써 엉덩이를 삼겠는가? 누가 사생존망死生存亡이 한 몸인 것을 알겠는가! 이런 사람과 벗이 되어야 하지 않겠는가?"라는 의견에 뜻을 함께 했습니다. 그리고 네 사람은 마음에 한 점도 거리낌이 없는 진정한 친구 사이가 되었다고 합니다.

출전_ 장자莊子

실생활에서는 이렇게 쓰인다

정치적으로는 치열한 라이벌 관계였던 OOO의원과 OOO의원은 사실 아주 오래 전, 학창시절부터 친분을 나눠온 막역지우莫逆之友임이 밝혀졌다.

 Follower를 브르는 140자

철학자 아리스토텔레스는 말했습니다. "친구란 두 몸에 깃든 하나의 영혼이다"라고. 그래서 친구는 내가 굳이 소리 내어 말하지 않아도, 내 심장의 고민을 잘도 이해하나 봅니다. 타이레놀보다 효과가 좋은 내 영혼의 진통제, 바로 벗입니다.

벗을 잃은 슬픔
伯牙絶絃 ^{백 아 절 현}

우연히 친구의 죽음을 알게 됐습니다. 수 년 동안 연락이 없어도 딱히 소식 한 자 궁금치 않았던 친구였습니다. 인연이라고는 그저 같은 학원에서 수업을 들으며 같은 꿈을 꾸었다는 것뿐, 돌이켜 보면 이렇다 할 우정을 나눈 적도 없는 것 같습니다. 그런데도 바람이 실어다 준 친구의 부고는 눈자위를 뜨끈하게 덥힙니다. 작가가 되자고 함께 눈을 빛냈던 청춘의 기억이 불현듯 어디에선가 툭 튀어나옵니다. 늦은 밤 갑자기 전화해 "꿈은 왜 이다지도 아픈 것이냐"며 고래고래 소리지르던 그 목소리가 귓전을 간지럽힙니다. 서로 이루지 못한 꿈을 담고 아픈 가슴을 부벼주던 친구가 뒤늦게 그리워집니다. 사진 한 장, 편지 한 장 남기지 않고 그저 빛바랜 기억 몇 조각만 남겨두고 간 친구가 이렇게 그리울 줄은 정말 몰랐습니다.

백아절현 : 백아伯牙 끊을 절絶 줄 현絃
백아가 줄을 끊다

여기서의 줄은 거문고를 뜻합니다. 거문고의 명수인 백아가 거문고를 그만둘 정도로, 마음을 나누었던 절친한 친구의 죽음을 슬퍼함을 이르는 말입니다.

Story of 백아절현

춘추시대에 백아라는 거문고의 명수가 있었습니다. 그에게는 종자기라는 둘도 없이 친한 친구가 있었는데요. 백아가 거문고를 타면, 종자기는 백아의 거문고 소리가 무엇을 표현하는지 꼭 집어 맞추곤 했습니다. 산을 표현한 가락에는 산의 기를 느낄 수 있다 하였고, 물을 표현한 가락에는 물의 기를 느낄 수 있다 하였습니다. "말하지 않아도 알아~"라는 모 CM 송처럼 굳이 입밖에 내지 않아도 누구보다 백아의 마음과 백아의 거문고 소리를 잘 알아주는 친구였던 셈이죠. 그런 종자기가 병을 얻어 목숨을 잃자, 백아는 비탄에 빠져 거문고 줄을 끊고 다시는 거문고를 타지 않았다고 합니다. 세상 사람들 모두가 자신을 거문고의 명수라 칭찬하고 대접해주어도 가장 열렬한 팬이자 가장 소중한 친구를 잃은 슬픔을 씻을 수는 없었기 때문이죠.

출전_ 열자列子

실생활에서는 이렇게 쓰인다

불의의 사고로 아깝게 목숨을 잃은 OOO시인, 동료 문인들이 백아절현伯牙絶絃의 심정으로 추모 시집 발간해…

 ## Follower를 부르는 140자

누구나 종자기 같은 친구를 바라죠. 하지만 그런 친구를 발견하기란 쉽지 않습니다. 세상에는 스스로를 종자기로 여기는 이들보다 백아로 여기는 이들이 더 많거든요. 그러니 당신이 먼저 종자기가 되어보면 어떨까요? 백아와 종자기의 우정이 부럽지 않은 우정을 쌓게 될 테니까요.

복숭아 동산의 맹세
桃園結義 _{도 원 결 의}

『삼국지』의 영웅 세 명이 의형제를 맺은 곳은 복숭아나무들이 늘어선 복숭아 동산에서였습니다. 그렇다면 왜 하필 복숭아 동산에서 결의를 한 것일까요? 일설에 의하면, 당시 중국에는 복숭아나무가 유난히 많았기 때문이라고 합니다. 복숭아는 원래 중국이 원산지인 과일로, 달콤한 맛뿐 아니라 바람에 흩날리는 복숭아꽃의 모양이나 향기도 고운지라 복숭아나무를 많이 심었다고들 하더군요. 거기다 중국에서 복숭아꽃은 탄생이나 새출발을 상징하므로, 세 사람이 의형제로 다시 태어났음을 맹세하기에 가장 적절한 장소로 선택한 것이 아닐까 합니다.

도원결의 : 복숭아 도桃 동산 원園 맺을 결結 옳을 의義
복숭아 동산에서 의를 맺다

의형제를 맺음을 이르는 말이지만 여러 사람들이 하나의 목적을 향해 서로 뜻을 모을 것을 맹세함을 의미하기도 합니다.

220

Story of 도원결의

후한 말경 신흥 종교 태평도太平道의 교주 장각은 황건적의 난을 일으켰는데요. 조정에서는 이를 진압하기 위해 각 지방에 병사를 모집하는 방문을 붙이게 됩니다. 당시 유주의 탁현에 살던 유비는 그 방문을 보고 의욕은 있으나 어찌할 도리를 몰라 한숨을 쉬었습니다. 그때 마침 자신과 뜻이 통하는 이들을 만나게 되는데요, 그들이 바로 장비와 관우였습니다.

이야기를 나누며 서로 의기투합한 이들은 다음날, 장비의 집 후원에 있는 복숭아밭에서 의형제의 결의를 맺고 피를 나누었습니다. 위로는 나라에 보답하고, 아래로는 백성을 편안케 하며, 한 해 한 달 한 날에 죽기를 소원했죠. 이때의 맹세는 이들 세 사람이 죽는 순간까지 서로의 가슴에 남다른 의미로 자리하게 됩니다.

출전_삼국지三國志

실생활에서는 이렇게 쓰인다

10연패를 기록하고 있던 선수들은 다시 한 번 초심으로 돌아가 승부에 임하자고 도원결의桃園結義를 했다.

Follower를 부르는 140자

어렸을 때, 친구들 세 명이 모이면 늘 『삼국지』나 『삼총사』 속의 인물로 분하곤 했죠. 그러고 보면 유비, 관우, 장비나 삼총사들은 닮은 부분이 많지 않나요? 무식하고 저돌적인 캐릭터와 점잖은 캐릭터, 그리고 리더를 맡는 캐릭터 등. 여러분은 어린 시절 누구를 가장 좋아했나요?

소꿉친구, 평생친구
竹馬故友 _{죽 마 고 우}

흔히 2살부터 6살까지의 유아기에 사귄 친구를 불알친구, 소꿉친구라고 합니다. 어린 시절을 기억하고 있는 친구, 내가 기억하지 못하는 나를 기억하는 친구, 함께 뛰어놀고 함께 울고 함께 싸운 추억을 공유한 친구, 그래서 소꿉친구는 언제 만나도 어린 시절의 나로 되돌려주는 타임머신과 같습니다. 빨간 볼이 통통했던 다섯 살짜리 어린애로 기억해 줄 소중한 보물입니다.

죽마고우 : 대나무 죽竹 말 마馬 옛 고故 벗 우友
대나무로 만든 말을 타고 함께 놀던 옛 친구

어릴 때부터 함께 놀며 자란 오래된 친구를 이르는 말입니다.

Story of 죽마고우

진晉나라의 무제는 제갈정과 오래된 친구 사이였습니다. 하지만 제갈정의 아버지가 예전에 무제의 아버지를 없애려다 처형을 당했기 때문에 원수 사이가 되어버린 지 오래였습니다.

무제는 제갈정의 능력을 알기에 중신으로 삼고자 했지만, 제갈정은 만나주려 하지도 않았습니다. 이에 무제가 우연을 가장하여 제갈정과 만나 말했습니다. "경은 우리가 함께 대나무말을 타고 놀았던 정을 잊고 있는가?" 그러자 제갈정이 말하기를 "저는 부친의 복수도 갚지 못하고 살아남아 이렇게 폐하를 뵙는군요"라며 통한의 눈물을 흘렸다고 합니다. 결국 무제는 제갈정의 심정을 이해하고 자리를 떠날 수밖에 없었다고 합니다.

출전_진서晉書

실생활에서는 이렇게 쓰인다.

죽마고우竹馬故友 사이인 두 사람은 좋은 일에도, 나쁜 일에도 환상의 호흡을 보여주곤 했다.

 Follower를 부르는 140자

당신이 기억하는. 당신과 죽마고우의 최고의 강렬한 기억은 무엇인가요?

오성과 한음
忘年之交 _{망 년 지 교}

어렸을 때 우정의 소중함을 가르쳐 주는 이야기 속에 종종 등장하던 '오성과 한음'은 사실 동년배의 친구는 아니었습니다. 오성 이항복이 1556년생이고, 한음 이덕형은 1561년생이니 다섯 살 차이의 형, 동생 사이인 셈이지요. 그러니 책에 그려진 꼬마 도령 두 명의 모험담들은 사실 있을 수 없는 이야기였습니다. 거기다 이덕형의 호가 한음인데 비해 이항복의 호는 백사이니 제대로 부르려면 '오성과 한음'이 아니라 '백사와 한음'이 바른 표기입니다. 이처럼 후세에 잘못된 정보로 널리 알려져 있긴 하지만 오성과 한음, 두 사람이 서로의 학문과 도량을 인정한 친구였던 것만큼은 틀림없습니다. 그것도 나이를 뛰어넘어 우정을 나눴을 만큼 각별한 친구 사이였던 것이죠.

망년지교 : 잊을 망忘 해 년年 어조사 지之 사귈 교交
나이를 잊은 사귐

나이 차이를 잊고 사귀는 친한 벗이나 그 우정을 일컫는 말로, 늘그막에 얻은 어린 친구와의 사귐을 뜻하는 말이기도 합니다.

Story of 망년지교

후한 말의 정치가이자 유학가인 공융은 공자의 20대 손으로, 그에게는 나이가 스무 살 차이 나는 어린 친구가 있었습니다. 예형이라는 이름의 그는 재능은 뛰어났으나 오만하면서도 강직한 성격으로, 특히 독설가로 당대에 그이름이 높았습니다. 그래서 사람들에게 미움을 많이 샀지만 공융만은 그의 재능을 높이 샀습니다. 그래서 공융은 조조에게 예형을 천거하기도 했는데요, 조조의 밑에서도 독설을 계속 늘어놓는 바람에 조조는 그를 형주자사 유포에게 사자로 보냈습니다. 하지만 유포에게도 독설을 멈추지 않아 유포는 그를 심복인 강하태수 황조에게 보냈는데요, 황조에게도 결국 미움을 사스물여섯 살의 나이로 예형은 죽음을 맞게 됩니다. 이 일로 공융과 조조 사이는 급격하게 틀어졌고, 그로부터 10여 년 후 조조의 형주 정벌에 분개한 공융이 조조를 비판하자 조조는 공융을 처형하고 그의 가족들을 모두 몰살시켰다고 합니다.

출전_삼국지三國志

실생활에서는 이렇게 쓰인다

그 선생님은 항상 소탈하고 거짓 없는 태도로, 젊은 사람들과도 망년지교忘年之交로 지내던 존경할 만한 어른이었다.

Follower를 부르는 140자

왜 우리나라 사람들은 초면에 꼭 나이부터 확인할까요? 나이를 기준으로 그 사람을 대하는 태도를 결정짓기 위해서일까요? 나보다 어린 친구, 나보다 어린 스승을 받아들일 수 있는 도량을 길러보면 어떨까요? 나이라는 벽을 허물면 더 많은 친구, 더 많은 스승을 찾아낼 수 있을 테니까요..

의리를 잊었구려
見利忘義 견 리 망 의

미국이 우리 영해인 동해를 일본해로 단독 표기해야 한다는 공식의
견을 유엔 산하 국제수로기구에 제출했습니다. 미국 국무부는 'Single
name policy, 즉 하나의 지명에 하나의 명칭' 원칙을 내세워 일본해 명
칭을 지지한다고 밝혔습니다. 언제나 미국을 우리의 최우방이라고
여기며, 미국만은 우리를 배신할 리 없다고 공공연하게 외쳤던 정치
가들도 동해 사건에 대해 크게 배신감을 느끼고 있습니다. 하다못해
중립은 지켜줘야 하는 게 아니냐는 거죠.

하지만 인정에 매달리는 우리와 달리 철저하게 잇속을 계산하고,
더 잘 사는 나라의 손을 들어준 그네들에게 의리와 인仁을 지키라
고 호소해봐야 무슨 소용이 있겠습니까? 진작 좀 더 단호하게 대
처하지 못한 어리석음이 아쉬울 뿐입니다.

견 리 망 의 : 볼 견見 이로울 이利 잊을 망忘 뜻 의義
이익을 보고 의를 잊다

눈앞의 이익에 사로잡혀 의리를 생각지 아니한다는 뜻입니다.

Story of 견리망의

역상이란 인물은 한나라 고조 유방이 천하를 차지하는 데 큰 공을 세운 덕에 후에 우승상에 임명된 증신입니다. 유방이 죽은 후 대권을 장악한 여태후는 자신의 조카인 여신과 여록을 왕에 봉했습니다. 하지만 여태후가 민심을 얻지 못한 채 죽는 바람에 문제가 생겼습니다. 주발과 진호 등을 비롯한 대부분의 신하들이 여씨 가족들을 살해할 계획을 세웠기 때문이죠. 하지만 여록이 마침 북군을 관장하는 입장인지라 그에게 접근할 기회가 없자 역상의 아들은 역기를 이용하여 여록을 제거할 계획을 세웁니다. 역기와 여록은 절친 사이였지만, 주발의 꼬드김에 넘어가 여씨 제거에 협조했고, 사냥을 구실로 여록을 유인해 내게 됩니다. 주발은 이 틈을 이용해서 북군을 장악한 후 여씨 가족 모두를 제거하는 데 성공합니다. 역기는 훗날 장군에 봉해졌지요. 훗날 사람들이 이 일을 일러 "역기가 친구를 팔아먹었으니, 이는 곧 이익에 어두워 도의를 잊어버린 짓이다"라고 비난했다고 합니다.

출전_한서열전漢書列傳

실생활에서는 이렇게 쓰인다

철새 정치인의 견리망의見利忘義에 따라 그 도시의 지역발전 계획에 큰 차질이 생겼다.

 Follower를 부르는 140자

믿는 도끼에 발등을 찍히는 것은 도끼가 튼튼하리란 믿음이 있었기에 부주의해서 생긴 결과입니다. 친구의 배신이 큰 상처를 남기는 것은 친구를 아꼈던 진심이 부정당한 아픔 때문입니다. 함께 한 추억이 너무 소중하기 때문이지요.

죽음도 무섭지 않아
刎頸之交 _{문 경 지 교}

친구와 함께 자살하는 이들의 뉴스가 가끔 들려옵니다. 외롭지 않고자 친구와 함께 죽음을 선택한 그 마음이 오죽할까 싶은데요, 1930년대도 그런 일이 있었습니다. 영등포 기찻길에 두 목숨을 내던진 '홍옥임과 김용주'의 일입니다. 홍옥임은 의사의 딸이자 음악가 홍난파의 조카였고, 김용주는 대형서점 주인의 딸이었습니다. 공부에 뜻이 있던 김용주는 자신의 뜻과는 원치 않게 억지로 시집가고, 남편에게 외면을 당합니다. 다시 공부를 시작하고자 했지만 기혼자인 까닭에 복학을 거부당해 우울증을 앓았습니다. 홍옥임은 아버지의 외도와 연인의 배신으로 세상을 미워하고 있던 차였습니다. 두 사람은 서로에게 위안이 되는 유일한 친구 사이였는데요, 불운한 시대에 태어나 남자라는 존재에 의해 상처받음을 아파하던 두 사람은 결국 서로의 두 손을 굳게 맞잡은 채 달리는 기차에 몸을 던지고 맙니다. 두 사람의 나이, 고작 열 아홉, 스물 한 살 때의 일입니다.

> **문경지고** : 목 벨 문刎 목 경頸 어조사 지之 사귈 교交
> 목을 베어 줄 수 있는 사귐
>
> 목을 쳐도 후회하지 않을 정도로 생사를 같이 할 수 있는 친밀한 사이, 혹은 친구를 뜻하는 말입니다.

Story of 문경지교

전국시대 조나라 혜문왕의 신하 중에 인상여라는 이가 있었습니다. 그는 진나라 소양왕에게 빼앗길 뻔했던 천하명옥 '화씨지벽'을 되찾는가 하면, 소양왕에게 큰 망신을 안겨주는 등 대활약을 하여 높은 벼슬자리에 올랐습니다. 이에 당시 유명한 명장名將인 염파는 "전쟁에 나가 공을 세운 나보다 어찌 몇 마디 말만 잘한 인상여 따위가 더 높은 지위에 오를 수 있느냐"며 대노해서 언제든 인상여를 만나면 크게 망신을 주겠다고 공공연히 떠들고 다녔습니다. 소문을 들은 인상여는 이후 염파를 피해 다니기 시작했습니다. 이에 실망한 부하가 작별인사를 고하러 오자, 인상여가 말했습니다. "나는 소양왕도 두렵지 않은 사람일세. 그런 내가 장군을 무서워 피할 리가 있나? 내가 먼저 피하는 건 우리 두 사람이 싸우게 되면 나라에 균열이 일어나고, 이로 인해 강국인 진나라가 쳐들어올까봐 그런 걸세." 이 말을 전해들은 염파 장군은 자신의 옹졸함을 크게 뉘우치며 곧 죄인들이나 쓰는 형장荊杖을 짊어지고 인상여를 찾아가 무릎을 꿇고 잘못을 빌었습니다. 그날 이후 두 사람은 목을 내주어도 후회하지 않을 우정, 즉 문경지교를 맺었다고 합니다.

출전_사기史記

실생활에서는 이렇게 쓰인다

목을 벤다 해도 흔들리지 않을 문경지교刎頸之交같은 우정을 키워나갈 수 있는 우방友邦을 만들어야 한다.

Follower를 부르는 140자

가족이나 사랑하는 연인보다도 친구에게서 더 많은 위안을 받는 이들도 있습니다. 그들에게 친구의 부재는 죽음보다도 두려운 것이겠지요. 그래서 문경지교라는 이름이 무색치 않게 목숨까지 쉬이 내버리는지도 모릅니다.

친구라면 이들처럼
管鮑之交 관 포 지 교

실력은 좋지만, 세상에서 인정받지 못한 어느 가난한 화가가 있었습니다. 생활고에 시달리던 그에게 어느 날 다른 화가 친구가 찾아와 큰돈을 내밀며 말했습니다. "누가 자네의 그림을 아주 맘에 들어 하더군." 화가는 고마워하며 그림을 팔았습니다. 그 돈 덕분에 화가는 한동안 걱정 없이 마음껏 그림에만 몰두할 수 있었습니다. 화가는 점점 화단의 인정을 받게 되었고, 몇 년 후 그의 작품들은 높은 가격에 팔려나갔습니다. 그러던 어느날, 친구의 집을 찾아간 화가는 화들짝 놀라고 맙니다. 몇 년 전 친구가 사간 그림이 그 집에 떡하니 걸려 있는 게 아니겠습니까? 혹시 화가의 자존심이 상할까 걱정된 친구가 남의 이름을 빌려 화가의 그림을 사주었던 것입니다. 친구의 도움으로 그림을 팔 수 있었던 화가는 바로 '만종'으로 유명한 자연주의 화가 밀레이고, 밀레의 그림을 사주었던 화가는 밀레와 함께 바르비종파 자연주의 화가로 이름을 널리 알린 '테오도르 루소'입니다.

관포지교 : 대롱 관 管 절인 고기 포 鮑 어조사 지 之 사귈 교 交
관포의 사귐

관중과 포숙아 사이와 같은 사귐이라는 뜻입니다. 이해와 믿음으로 사귀는 두터운 친구 사이를 표현하는 말로 자주 쓰입니다.

Story of 관포지교

춘추시대, 제나라에 관중과 포숙아라는 두 관리가 있었습니다. 이들은 둘도 없는 친구 사이였는데요, 정치적으로는 오히려 정적에 가까운 사이였습니다. 두 사람이 각각 노나라와 거나라에 망명해 있던 중, 관중은 포숙아가 모시고 있던 공자인 소백을 암살하려고 했지만, 소백이 이를 알고 먼저 몸을 피한 후 제나라로 돌아와 '환공'이라 자칭한 후 노나라 쪽에 공자 규의 처형과 관중의 송환을 요구했습니다. 이후 환공은 압송된 관중을 죽이려 했는데요, 이때 포숙아가 나서 이렇게 간했습니다. "전하가 제나라 한 나라만 다스리는 것에 만족하신다면 신 한 몸으로도 충분하겠지만, 만약 천하를 다스리려면 관중을 기용하소서." 이에 환공은 포숙아를 신뢰하여 관중을 높은 벼슬에 중용하고 정사를 맡겼는데요, 훗날 관중은 포숙아에 대해 감사한 마음을 이렇게 표현했습니다.

"나를 낳아 준 분은 부모님이지만 나를 알아준 이는 포숙아다."

출전_ 사기史記

실생활에서는 이렇게 쓰인다

관포지교管鮑之交의 우정을 나눌 친구만 있다면, 세상에 두려울 게 뭐가 있겠소.

 Follower를 부르는 140자

설령 정치적으로 서로 다른 뜻을 품고 있더라도 서로의 재능과 뜻을 인정한다면 관포지교의 우정을 나눌 수 있을 것입니다. 단 서로의 이익을 위한 야합이나 담합이 아닌 까끗한 우정이어야 할 것입니다. 정파를 넘어서 진짜로 국민을 위한 마음을 교감하는 정치인들 어디 없나요?

친구를 대접하는 법
冒雨剪韭 _{모우전구}

인간관계야말로 성공의 지름길이라고 강조하는 사람들이 많습니다. 그들의 이야기를 들어보면, 대부분 자신의 이익과 직접적인 관계에 있는 비즈니스 상대 외에 친구나 친지, 가족 등 주변 사람들에게 먼저 최선을 다해야 한다고 조언합니다. 일례로 대부분의 사람들이 가까운 이들을 초대할 때는 간단한 다과상을 준비하고, 어려운 손님을 맞을 때는 진수성찬을 준비하지만, 사실 가까운 사람을 초대할 때도 정성을 보여야 한다는 겁니다. 왜냐하면 나와 가까운 이들이야말로, 내가 어려울 때 발 벗고 나서 나를 위해 싸워주고, 변호해주고 대변해줄 사람들이기 때문입니다. 실제로 아리스토텔레스는 "내가 친구들에게서 기대하는 것을 내가 친구들에게 먼저 베풀어야 한다"는 명언을 남겼습니다. 누구든 친구에게 융숭한 대접을 받으면 기쁠 것입니다. 그렇다면 친구에게도 그런 정성스러운 대접을 해줘야 하지 않을까요?

모우전구 : 무릅쓸 모冒 비 우雨 벨 전剪 부추 구韭
비를 무릅쓰고 부추를 베다

비가 오는데도 불구하고 부추를 베어내 손님을 대접한다는 말로, 여기서의 '손님'은 나를 찾아온 친구를 뜻합니다. 즉, 친구를 대접하는 우정의 마음씀에 대해 이야기하고 있는 것이죠.

Story of 모우전구

후한 시대에 곽임종이라는 이가 있었습니다. 어느 비오는 날, 한밤중에 친구가 그를 찾아왔습니다. 갑작스러운 친구의 방문에 딱히 대접할 것이 없던 곽임종은 비를 맞으며 부추밭에서 부추를 베어와 부침개를 만들어 대접하였다고 합니다. 친구를 대접하는 곽임종의 마음씀씀이에 감격한 사람들이 이후 그와 같은 우정을 일러 모우전구라 부르게 되었습니다.

출전_ 곽임종별전郭林宗別傳

실생활에서는 이렇게 쓰인다

"모우전구冒雨剪韭란 사자성어를 여러분께 드립니다. 총장으로 재직하는 4년 동안 항상 곽임종의 마음으로 개신가족 모두를 반가운 벗으로 여기고 귀하게 대접하겠습니다."
−2010년 02월, 김승택 제9대 충북대학교 총장 당선소감 중에서

 Follower를 부르는 140자

친구를 대접할 때, 모우전구 고사 속의 곽임종처럼 비오는 날 부추를 솎건, 상다리가 휠 정도로 거한 상차림을 준비하건 그 반찬의 내용이나 가짓수는 문제가 되지 않습니다. 친구를 귀히 여기는 마음, 그 마음 자체가 바로 최고의 성찬(盛饌)일 테니까요.

가족: 명사

부부와 같이 혼인으로 맺어지거나, 부모·자식과 같이 혈연으로 이루어지는 집단. 또는 그 구성원.
[비슷한 말] 처노(妻孥).

달라는 의미로 공주에게 70명의 아리따운 시녀들을 딸려 보냈습니다.
를 잘 보이기 위해 공주와 시녀들 모두에게 호화로운 치장을 시켰죠. 그러나 그런 장인의 정성도 듣
보고 진나라 공자는 70명의 시녀들 중 유난히 고운 미모의 시녀들을 애첩으로 삼고는 ?
자신에게 시집 온 진나라 공주는 본체만체했습니다.
들이 이를 보고 "딸을 시집보낸 게 아니라, 시녀들을 잘 시집보낸 셈이다"며 비웃었다 합니다.
으로 망한 은나라의 주왕에게는 절세미녀인 '달기'라는 애첩이 있었습니다.
은 주나라의 무왕에게 패해서 스스로 목숨을 끊었고, 이에 은나라도 망하고 마는데요, 무왕은 주왕과의 ^
앞두고 주왕의 죄상을 주나라 장병들에게 알리며 다음과 같은 말을 했습니다.

옛 사람이 말하길 암탉이 새벽을 알리는 법은 없다.

암탉이 새벽을 알리면 집안이 망한다.

죽음도 무섭지 않아 해로동혈

미스코리아와 동네과부 가계야치 家鷄野雉
어머니, 더는 늙지 마세요 백유읍장
가난은 불효의 변명이 못 된다 백리부미
공자님 가라사대, 맹자님 가라사대 풍수지탄
까마귀도 아는 도리 반포지효
너희가 효를 아느냐 신종추원

돈보다 귀한 우애 형제투금
명문가의 조건 적선지가필유여경
아들의 라이벌 호부견자
암탉이 좀 울면 어때? 빈계지신
어리석은 혼수 진백가녀
핏줄만 중요할까요? 사해형제

황금보다
귀한 편지
가서만금

08
가족 家 族

죽음도 두렵지 않은 사랑
偕老同穴 ^{해 로 동 혈}

뉴욕의 메이시 백화점은 세계 최고의 백화점 중 하나로 언급되는 곳입니다. 1900년대 초, 이 백화점을 크게 키운 이시도 스트라우스는 그의 아내 아이다 스트라우스와 유난히 금슬이 좋았습니다. 젊어서는 물론, 서로 백발이 되어서까지도 변함없는 사랑을 과시한 이 부부는 호화로운 선박여행을 떠나게 됩니다. 그 배는 바로 타이타닉 호였죠.

타이타닉은 불운한 사고로 침몰하기 시작했고, 아내 아이다는 사람들에 의해 구명보트에 탈 것을 종용받습니다. 하지만 아이다는 자신 대신 하인을 태우고는 남편 곁에 남았습니다. 사람들이 억지로 두 번째 구명보트에 태웠을 때도 마찬가지였죠. 그녀는 구명보트에서 자신을 붙드는 이들을 떨치고 나와 남편의 품에 안겼습니다. 그리고 노부부는 끝까지 서로 굳게 포옹한 채 차가운 바닷물 속으로 가라앉고 말았답니다.

해 로 동 혈 : 함께 해偕 늙을 로老 한가지 동同 굴 혈穴
함께 늙고 죽어서 같은 무덤에 묻힌다

금슬이 좋은 부부의 사랑을 뜻하는 말로, 부부간 굳은 사랑의 맹세를 뜻하는 말이기도 합니다.

Story of 해로동혈

중국의 격고擊鼓라는 시에 다음과 같은 구절이 있습니다.
"죽으나 사나 만나거나 헤어지거나 그대와 함께 하자고 언약했네. 그대의 손을 잡고 그대와 함께 늙으려 하노라." 전쟁터에 나간 한 병사가 고향에 두고 온 아내를 생각하며 지은 노래라고 합니다. 또 대거大車라는 시는 어느 부부의 슬픈 사연을 담아 "살아서는 집이 달랐으나 죽어서는 무덤을 같이 하리. 나를 불신한다면 저 밝은 허를 두고 맹세하리"라고 노래하고 있습니다. 바로 식息나라 왕비와 왕에 대한 이야기인데요. 초나라에게 나라를 뺏긴 식나라의 왕비는 초나라 왕에게 바쳐졌습니다. 그러나 그녀는 포로가 된 남편을 몰래 찾아가 남편에게 자신의 절개를 맹세하며 자살을 하게 됩니다. 이에 남편도 아내의 뒤를 따라 목숨을 끊었다고 전해집니다.

출전_시경詩經

실생활에서는 이렇게 쓰인다

해로동혈偕老同穴하리라 믿어 의심치 않았던 선배 부부가 갑작스럽게 이혼을 결심했다.

 Follower를 부르는 140자

한때는 나도 사랑하는 이를 만나 죽을 때까지 서로 사랑하며 살리라, 그리고 한날 한시에 평화롭게 죽음을 맞이하고 싶다고 생각하곤 했죠. 이제는 압니다. 서로 한 마음으로 사랑하는 이를 만나는 것도 어렵지만, 그 마음이 변하지 않고 늙으며 함께 죽음을 맞이할 수 있는 것은 아주 특별한 사람에게만 허락된 기적이라는 것을요.

미스코리아와 동네과부
家鷄野雉 ^{가 계 야 치}

여자들은 남자의 외도 속성에 대해 이렇게 말합니다.

"남자란 미스코리아와 살아도 동네과부랑 바람나는 존재다."

실제로 우리 주변에서도 "아니 어떻게 저런 미인 아내를 두고 바람을 피울 수가 있지?" 하고 말합니다. 이처럼 이해가 안 가는 외도의 경우를 심심찮게 볼 수 있는데요. 누가 봐도 현숙하고, 아름답고, 흠 잡을 데 없는 아내를 두고 변변찮은 여자에게 빠지는 남자들의 속마음을 이해할 수 없다고요? 남자의 바람기는 여자의 외모와 상관없다는 이야기도 되겠지만, 달리 말하면 아내이기 때문에 오히려 아내의 귀함을 몰라본다고 생각하면 이해가 쉬울 것입니다.

가계야치 : 집 가家 닭 계鷄 들 야野 꿩 치雉

집에서 기르는 닭과 들의 꿩

자기 집의 것은 하찮게 여기고 남의 집의 것은 좋게 여긴다는 뜻으로, 흔히 집의 아내보다 바깥 여자 즉 첩을 탐하는 이를 비유하는 말로 쓰입니다.

Story of 가계야치

진晉나라의 유익이라는 사람은 명필로 소문난 왕희지王羲之의 서법과 겨룰만 하다는 평가를 듣던 명필이었습니다. 그에게는 서법을 배우고자 찾아오는 이들이 많았죠. 하지만 정작 유익의 가족이나 친지들은 모두 당시 유행하던 왕희지의 서법을 배우기에 여념이 없었습니다. 이에 유익이 지인에게 보낸 편지에 "아이들이 집안의 닭은 천하게 여기고 들판의 꿩만 사랑하여 모두 왕희지의 서법만 배우니, 나를 그만 못하게 여긴 것이 아닌가?"라며 한탄했 다고 합니다.

출전_태평어람太平御覽

실생활에서는 이렇게 쓰인다

그녀는 오랫동안 대중에게 사랑받는 최고의 톱스타로 군림해왔던 만큼 남편의 가계야치家鷄野雉 식 바람기에 더욱 깊은 상처를 받고 말았다.

 Follower를 부르는 140자

고대 그리스의 극작가 에우리피데스가 말하기를, 남자에게 있어 최고의 재산은 바로 아내라고 했습니다. 아내를 돌처럼 여긴다면, 당신은 그저 흔 한 돌을 가진 별 볼일 없는 남자일 뿐이고, 아내를 귀한 황금으로 여긴다 면, 당신은 황금을 지닌 부자라고 할 수 있겠지요.

어머니, 더는 늙지 마세요
伯兪泣杖 백 유 읍 장

객지에 나와 산 시간이 오래 될수록 어머니의 손맛이 참으로 그리
워집니다. 시간이 흐름에 따라 어머니가 차려주신 밥상이 점점 더
소중하게만 느껴집니다.

하지만 영원히 변치 않을 것 같은 어머니의 손맛이 언젠가부터 변
해갑니다. 국간은 진해지고, 김치 맛도 점점 짠맛이 진해집니다.

"간은 어때? 혹시…… 짜진 않니?"

"짜긴, 하나도 안 짜. 엄마 손맛이 어디 가? 여전히 세계 최고야!"

나이가 들면 미각이 둔해진다던가요. 본인의 입맛보다 내 입맛을
먼저 아시던 어머니의 손맛도 세월의 힘을 이기진 못하나 봅니다.

어머니, 늙지 마세요.

속상해하지도 마세요. 아직도 어머니는 내 인생 최고의 요리사이
신걸요.

> **백유읍장** : 맏 백伯 점점 유兪 소리죽여 울 읍泣 몽둥이 장杖
> 백유가 종아리를 맞으며 소리죽여 울다
>
> 늙고 쇠약해진 어머니의 모습을 보며 슬퍼한다는 의미로, 매우 지극
> 한 효성을 이르는 말입니다.

Story of 백유읍장

한나라 때의 한백유라는 사나이는 효성이 매우 지극했습니다. 어머니께 종아리를 맞고도 단 한 번도 아프다고 여기지 않은 기특한 아들이었죠. 어느덧 세월이 흘러 나이가 든 백유가 어머니에게 종아리를 맞을 일이 생겼습니다. 그런데 그날따라 종아리를 갖고 매우 슬피 우는 것이 아닌가요? 이를 의아하게 여긴 어머니가 그 까닭을 물었습니다. 그러자 백유는 "예전에는 종아리를 맞았을 때 꽤나 아팠는데, 오늘은 어머니의 매가 아프지 않은 걸 보니 어머니가 그만큼 노쇠하신 것 같사옵니다. 그 점이 슬퍼 이리 우는 것이옵니다."라고 답했습니다.

출전_ 설원說苑

실생활에서는 이렇게 쓰인다

치매에 걸린 어머니를 13년 동안 지극히 간호한 그의 효성은 가히 백유읍장伯俞泣杖에 비할 만하다.

 ## Follower를 부르는 140자

언젠가부터 어머니는 내 시선 아래에 계십니다. 나를 업어주시고 안아주시던 그 커다란 품이 이제는 제 품안에 쏙 들어올 정도로 작아졌습니다. 매일매일 조금씩 작아지는 어깨인데도 눈치 없는 나는 자꾸만 기대고 싶습니다.

가난은 불효의 변명이 못 된다
百里負米 _{백 리 부 미}

"정말이지 부모님께 효도도 못하고 사는 게 제일 부끄럽다."

"효도도 돈이 있어야지. 자기 한 몸도 건사하지 못하는데 어떻게 효도를 하겠어….."

"결국 나 잘 되는 게 최고의 효도지, 별 게 효도겠어?"

혹시 당신도 이런 변명을 늘어놓고 있진 않나요? 그렇다면 이런 돈 안드는 효도는 어떠신가요?

「아침, 저녁 언제라도 부드러운 말투로 부모님의 안부를 물어봐 주세요. 아침, 저녁 언제라도 부모님의 손과 발을 부드럽게 만져 주세요. 아침, 저녁 언제라도 부모님이 부르면 웃으며 대답해 주세요.」

성공과 돈 대신 마음과 정성으로도 사랑을 표현할 수 있습니다. 최고의 효도는 아닐 수 있겠지만, 당신이 할 수 있는 최선의 효도가 아닐까요?

백리부미 : 일백 백百 마을 리里 짐질 부負 쌀 미米

백 리나 되는 곳으로 쌀을 가지러 간다

가난하지만 효성이 지극하여 부모에게 봉양을 잘한다는 뜻을 담고 있습니다.

Story of 백리부미

춘추시대 공자의 제자 자로는 소문난 효자였습니다. 하루는 자로가 공자에게 말했습니다. "무거운 물건을 지고 먼 곳으로 갈 때에는 땅의 좋고 나쁨을 가리지 않고 쉬게 되고, 집이 가난하여 부모님을 모실 때에는 봉록의 많고 적음을 가리지 않고 관리가 되었습니다. 또한 옛날 제가 부모님을 섬길 때에는 나쁜 음식만 대접했고, 쌀도 직접 백 리 밖에서 져 와야만 했습니다. 부모님이 돌아가신 뒤 초楚나라에서 관리가 되었을 때는 수레가 백 대나 되었고, 창고에 쌓아놓은 쌀이 만 석이 넘었습니다. 하지만 그때는 이미 나쁜 음식이나마 대접할 부모님이 더 이상 계시지 않았습니다. 부모님의 수명은 가히 문틈으로 말이 달려가는 것을 보는 것처럼 순간적이었습니다." 이에 공자는 "자로는 부모님이 살아계실 때는 정성을 다해 섬기고, 돌아가신 후에는 한없이 그리워하는구나"라며 그 효성에 감탄하였다고 합니다.

출전_ 공자가어孔子家語

실생활에서는 이렇게 쓰인다

백리부미百里負米 한다고 자랑하지 마라, 자식된 자의 당연한 도리일 뿐이다.

 Follower를 부르는 140자

> 소크라테스가 말했죠. 내 자식들이 해주기 바라는 것과 똑같이 네 부모에게 행하라고. 지금 내가 부모님께 하고 있는 행동들을 내 자식들이 똑같이 한다고 생각하면 서럽고 분하고 억울할 것만 같습니다. 이 서러움, 분함을 오늘부터라도 효도로 톡톡히 만회해보려 합니다.

공자님 가라사대, 맹자님 가라사대
風樹之嘆 _{풍 수 지 탄}

공자님은 「논어論語」에서 이렇게 말씀하셨습니다.

"부모님의 나이는 반드시 기억해라. 한편으로는 기쁘나, 한편으로는 두렵기 때문이다. 子曰, 父母之年, 不可不知也, 一則以喜, 一則以懼" 부모님의 나이를 헤아려 장수하심을 기뻐하고, 다른 한편으로는 나이 드심을 걱정해야 한다는 뜻이죠.

맹자님 역시 「진심편盡心篇」에서 이렇게 말씀하셨습니다.

"군자에게 세 가지 즐거움이 있다. 그 중 하나가 바로 부모님이 다 살아계시고, 형제가 무고한 것이다. 君子有三樂, 父母具存 兄弟無故" 내 부모, 내 형제가 무탈한 것만큼 더 복된 일이 없다는 얘기입니다.

언제나 당연히 내 곁에 있어줄 것같은 부모님이시지만, 그 고마움을 너무 당연히 여기고 있는 건 아닌지 반성해야겠습니다.

풍수지탄 : 바람 풍風 나무 수樹 어조사 지之 탄식할 탄嘆
바람과 나무의 탄식

효도를 다하지 못한 채 부모님을 잃은 자식의 슬픔을 이르는 말입니다. 더 이상 효도할 수 없음을 한탄할 때 쓰이는 말입니다.

Story of 풍수지탄

공자가 하루는 몹시 울며 슬퍼하는 이를 만났습니다. 우는 까닭을 물어보니 그가 답했습니다. "제가 세 가지 잘못을 저질렀습니다. 하나는 젊었을 때 천하를 두루 돌아다니다 집에 돌아오니 부모님이 이미 세상을 떠나신 것이고요, 다른 하나는 섬기고 있던 군주가 사치를 좋아하고 충언을 듣지 않아 그에게서 도망쳐 나온 것이고, 나머지 하나는 부득이한 사정으로 교제를 하던 친구와의 사귐을 끊은 것입니다. 무릇 나무는 조용히 있고자 하지만 바람잘 날이 없고, 자식은 부모를 잘 모시고자 하나 부모는 이미 계시지 않습니다." 말을 마친 그는 슬픔을 이기지 못하고 결국 마른 나무에 기대어 죽고 말았습니다.

출전_한시외전韓詩外傳

실생활에서는 이렇게 쓰인다

고생 끝에 막대한 부를 일궜지만, 부모님은 그의 성공을 못 본 채 돌아가셨다. 그의 풍수지탄風樹之嘆은 능히 짐작할 만하다.

 Follower를 부르는 140자

세월 가는 것이 두려워지는 건 부모님이 계시지 않을 그 날이 다가오는 게 무섭기 때문입니다. 나의 성공을 나보다 더 기뻐해주고, 나의 아픔을 나보다 더 아파해줄 수 있는 부모님이 없다면 세상의 기쁨은 반으로 줄고, 아픔은 배가 되겠지요.

까마귀도 아는 도리
反哺之孝 반 포 지 효

새까만 몸집과 성긴 울음소리가 재수 없다고 흉조로 인식되는 까마귀. 그러나 까마귀가 실제로는 상당히 똑똑한 새라는 것이 지속적으로 규명되고 있습니다. 최근 발표된 바에 따르면, 뉴칼레도니아의 까마귀들은 나무의 구멍이나 틈새에 사는 벌레들을 잡기 위해 나무의 잔가지나 잎줄기로 벌레를 계속 찔러 약을 올린 후 잡는다고 합니다. 이들 까마귀들은 최소한 세 종류의 도구를 만들어 사용할 줄 아는데다, 각기 자신만의 도구로 붙잡는 방식도 다르다고 하더군요. 또 워싱턴 대학교 연구팀의 연구결과에 따르면 까마귀는 위협적인 존재의 얼굴을 인식할 뿐 아니라 가족에게 그 위험을 알리기까지 한답니다. 까마귀의 피해를 많이 입는 일본에서 까마귀 퇴치용 쓰레기봉투를 따로 만드는 등 까마귀를 퇴치하기 위한 다양한 시도를 하고 있음에도 불구하고 근절시키지 못하는 이유도 이런 까마귀의 영특함 때문이 아닐까요?

반포지효 : 돌이킬 반反 먹일 포哺 어조사 지之 효도 효孝
어미에게 되먹이는 까마귀의 효도

어렸을 때는 부모가 자식을 먹이고 입히듯, 부모님이 나이가 들면 자식이 부모님을 봉양해야 함을 일컫는 말입니다.

Story of 반포지효

중국 진^晉나라의 이밀은 임금으로부터 높은 관직을 제수 받지 만, 늙으신 할머니를 봉양하기 위해 관직을 사양합니다. 이에 무제는 자신에 대한 반발이라고 크게 노했습니다. 그러자 이밀이 말하기를 "폐하, 한낱 미물인 까마귀도 새끼가 자라면 그 어미에게 먹이를 물어다 주어 은혜를 갚는다고 했습니다. 그러니 사람인 제가 늙은 할머니를 끝까지 봉양하고자 하는 마음을 헤아려 주시옵소서."

출전_ 진정표^{陳情表}

실생활에서는 이렇게 쓰인다

자식이 돼서 반포지효反哺之孝는 못할 망정, 부모님께 근심은 끼쳐 드리지 말아야지.

 Follower를 부르는 140자

부모가 주신 사랑과 은혜는 돈 벌어 쉽게 갚을 수 있는 저금리 은행대출이 아닙니다. 아무리 갚고 갚아도 원금을 갚을 수 없는 고리대금과 같습니다.

너희가 효를 아느냐
愼終追遠 _{신 종 추 원}

장례는 죽은 이를 위한 예식이 아니라 산 자들을 위한 예식이라고
하죠. 남은 자들은 장례 예식을 통해 먼저 간 이에 대한 애통한 마
음을 나누고, 사랑하는 이를 잃은 자는 억울함에 몸부림을 치며
통곡할 수 있으니까요. 장례가 극도의 슬픔과 아픔을 나누며 카타
르시스를 얻을 수 있는 예식이라면, 제사는 살아남은 자들끼리 추
억을 공유하는 예식입니다. 이미 가고 없는 분이 맺어준 질긴 혈
연의 매듭을 확인하는 자리라고 할 수 있지요. 드라마나 영화 속
에서 장례식장이나 제삿날 온갖 갈등이 절정을 맞는 이유는 죽음
을 애도하고 기억하는 그 자리야말로 살아있음이 가장 생생하게
느껴지기 때문일 것입니다.

신종추원 : 삼갈 신愼 마칠 종終 좇을 추追 멀 원遠
슬픔을 그치는 것을 삼가고, 먼 조상을 추모한다

부모님의 임종 시 장례를 치를 때는 슬픔을 다하고, 조상님들의 제
사를 지낼 때는 먼 조상님이라도 정성을 다해 공경한다는 의미입
니다.

248

Story of 신종추원

전국시대의 증자는 공자가 만년에 들인 제자입니다. 그는 공자 사상의 근본을 충서忠恕, 충실하고 인정 많음라는 말로 표현하기도 했었는데요, 그 자신도 효자였거니와 유독 다른 이들에게도 효의 덕목을 강조하곤 했습니다. 그가 한 말로 알려진 신종추원愼終追遠은 마음과 정성을 다해 장례를 치르고 제사를 지내야 함을 강조한 말입니다.

출전_논어論語

실생활에서는 이렇게 쓰인다

신종추원愼終追遠의 도리도 모르고, 그저 제 새끼 배불리 먹일 생각만 하는 게 요즘 세태인가요?

Follower를 부르는 140자

요즘은 나무 아래에 묻히는 수목장을 원하는 어르신들이 많습니다. 이름을 새긴 작은 표찰이 걸린 나무 아래에서 흙이 되고, 뿌리가 되고, 잎이 되고 싶다고 하시더군요. 훗날 자신을 추억하는 이들에게 시원한 바람이 되어주고, 그늘이 되어줄 수 있으니까요.

돈보다 귀한 우애
兄弟投金 _{형 제 투 금}

세간에 유행하는 로또 1등 당첨자의 행동수칙을 아시나요? 당첨시, 친구는 물론 형제자매들에게도 철저히 비밀을 엄수해야 한다는 것이 그 첫번 째 행동강령이더군요. 심지어 배우자에게도 알리지 말 것을 추천하는 이들도 있습니다. 아무리 정이 깊은 사이라고 해도 돈 앞에서는 누구나 흔들릴 수밖에 없음을 지적하는 것입니다. 일견, 그럴 듯 해보이면서도 한편으로는 씁쓸하기 그지 없더군요. 아무리 분란의 씨앗이라고는 해도 가족들과 함께 기쁨을 누릴 수 없는 로또 당첨이라면, 도대체 누구와 함께 그 기쁨을 만끽하라는 것인가요? 혼자서 돈다발을 펼쳐들고 망상에 젖어본들 이내 허무해지고 말텐데요.

형제투금 : 형 형兄 아우 제弟 던질 투投 쇠 금金
형제가 금을 던지다

금전에도 흔들리지 않는 형제간의 돈독한 우애를 뜻하는 말입니다.

Story of 형제투금

고려 공민왕 시대, 한 형제가 길을 가다 금덩이 두 개를 주워 나눠 가졌습니다. 둘이 함께 배를 타고 강을 건너던 중 동생이 갑자기 자기가 갖고 있던 금덩이를 강에 버렸습니다. 형이 그 연유를 묻자 동생이 말했습니다. "이 금덩이를 보니 자꾸만 형을 시기하는 마음이 생깁니다. 그러니 이 금은 없는 편이 낫겠습니다." 사실은 동생과 같은 마음을 갖고 있던 형은 동생의 말이 옳음을 깨닫고, 자신이 가진 금도 강물에 던져버렸습니다. 이 이야기의 주인공이 바로 '이화에 월백하고~'란 시로 유명한 고려학자 이조년과 이억년 형제라고 합니다.

출전_신증동국여지승람新增東國輿地勝覽

실생활에서는 이렇게 쓰인다

형제투금兄弟投金까지는 바라지도 않아. 적어도 반찬 가지고 형제들끼리 싸우지는 말아줄래?

 Follower를 부르는 140자

현대판 형제투금의 일화가 벌어진다면 다들 뭐라고 할까요? 황금을 강물에 던진 동생을 향해 어리석은 놈이라는 비난이 쏟아지지 않을까요? 당장이야 우애를 지킨 것처럼 보였을지 몰라도 훗날 두고 두고 그날 던져버린 황금을 아쉬워하게 될 테니까요. 황금이 아니라 자신의 의심을 던졌으면 간단했을 일일텐데요.

명문가의 조건
積善之家必有餘慶 적 선 지 가 필 유 여 경

2011년은 '신흥무관학교' 설립 100주년이 되는 해입니다. 항일무장 투쟁의 주역들을 배출해 낸 이 학교야말로, 우리나라 독립운동의 자존심이라 할 수 있습니다. 이 학교를 설립한 이가 바로 우당 이회영 선생으로, 선생과 그 일가족들은 모든 가산을 팔아 망명길에 오른 후 만주의 경학사와 신흥무관학교에 투자했습니다. 전 재산을 독립운동에 쏟아 붓는 바람에 우당 선생과 그 가족들은 말년에는 아이들의 옷을 팔아 끼니를 이을 정도로 궁핍한 생활을 할 수밖에 없었다고 합니다. 결국 우당 선생은 일제에 잡혀 모진 고문을 당한 끝에 목숨을 잃으셨고, 우당의 형제들과 그 자제들은 우당 선생의 뜻을 이어 항일투사가 되었습니다.

한국의 명문가를 이야기할 때 가장 먼저 우당 가문이 손꼽히는 것은 바로 이 때문입니다.

우당 선생의 가문이 베푼 선행으로 우리는 대한민국의 자존심을 지키며 살아갈 수 있게 된 셈이니까요.

> **적선지가필유여경** : 쌓을 적積 착할 선善 어조사 지之
> 집 가家 반드시 필必 있을 유有 남을 여餘 경사 경慶
> 선한 일을 쌓은 집에는 반드시 경사로운 일이 있다.
> 착한 일을 계속하면 집안 대대로 복이 온다는 의미입니다.

Story of 적선지가필유여경

송나라의 주희가 집필한 소학小學은 원래 아동들에게 유학을 가르치기 위하여 편찬한 일종의 수신서로, 즉 몸가짐에 대한 교본입니다. 이 책은 유교사회가 강조하는 도덕규범 중 기본적이면서도 필수적인 내용들을 담고 있기 때문에, 유학을 공부할 때 제일 먼저 공부하는 일종의 입문서입니다. 이 소학에 '적선지가필유여경'란 문구가 나오는데요, 이는 선행을 쌓으면 반드시 집안에 경사로운 일이 찾아온다는 뜻입니다. 현재 서울 종로구 적선동의 이름도 바로 이 문구에서 따온 것이라고 합니다.

출전_소학小學

실생활에서는 이렇게 쓰인다

적선지가필유여경積善之家必有餘慶이란 가훈으로 자녀들에게 선행을 가르치는 집안이라면 가히 존경할만하지 않은가?

 ## Follower를 부르는 140자

친일파 후손은 3대가 떵떵거리고, 독립유공자 후손은 3대가 가난하다 합니다. 친일파는 친일로 얻은 재산을 후손에게 남겼고, 독립유공자들은 가진 재산을 털어 독립운동에 썼기 때문입니다. 이쯤 되면 제대로 된 친일파 청산이 없었던 역사가 부끄러울 지경입니다. 독립유공자에게 쥐꼬리만한 혜택으로 되갚기에는 너무 큰 빚을 지고 있지 않나요?

아들의 라이벌
虎父犬子 _{호 부 견 자}

아들은 태어나면서부터 아버지라는 아름의 라이벌을 만나게 됩니다. 세상에서 인정받는 잘난 아비일수록 아들에게는 막강한 라이벌입니다.

라이벌의 존재는 때론 성장의 자극이 되기도 하지만, 또 때로는 좌절의 핑계가 되기도 합니다. 역사 속의 많은 위인들, 천재들, 자신들의 시대를 화려하게 창조했던 연예계와 스포츠계 스타들의 아들들, 재벌2세들이 끝끝내 아버지라는 장벽을 넘지 못하고 '못난 자식'으로 남게 되는 것도 아버지의 그늘이 너무 크고 짙었기 때문이지요.

호부견자 : 범 호虎 아비 부父 개 견犬 아들 자子
호랑이 아비에 개의 새끼

예부터 호랑이는 영웅호걸의 상징이고, 개는 패배와 누추함의 상징이었죠. 호랑이 아비와 개의 새끼라는 말은, 곧 훌륭한 아버지에 못난 아들을 일컫고 있습니다.

Story of 호부견자

『삼국지』의 덕장으로 일컬어지는 유비에게는 '아두'라는 아들이 있었는데요, 아버지에 이어 촉한의 제2대 황제가 된 유선劉禪이 바로 그입니다. 어려서부터 아버지는 물론 아버지 휘하의 재상과 장군들에게 늘 둘러싸여 오냐오냐 떠받들어 자란 그는 겁 많고 유약한 성격 탓에 나라를 제대로 다스리지도 못했습니다. 결국 위나라가 촉나라를 침입했을 때, 유선은 제대로 된 싸움 한 번 못해보고 너무나 쉽게 항복하고 마는데요, 이에 그를 보고 '호랑이 아버지에 어찌 저런 개 같은 자식이 났을꼬'하며 탄식하는 이들이 많았다고 합니다.

출전_삼국지三國志

실생활에서는 이렇게 쓰인다

창업주의 아들들, 즉 재벌 2세들은 대부분 호부견자虎父犬子라는 세간의 비웃음을 모면하기 위해 과감한 경영전략을 추진하지만 오히려 실패를 거듭하는 경우가 많다.

 Follower를 부르는 140자

어느새 자신의 키를 훌쩍 뛰어넘어 성장하는 아들을 보는 아버지의 마음은 어떨까요? 자신을 꼭 닮은 모습에 마냥 흐뭇할런지, 아니면 자신은 이미 놓쳐버린 젊음을 누릴 아들이 부러울런지, 그도 아니면 어느새 자신과 대등하게 성장한 아들에게 라이벌 의식을 느낄런지, 자못 궁금하네요.

암탉이 좀 울면 어때?
牝鷄之晨 _{빈 계 지 신}

"암탉이 울면 집안이 망한다."

"망조가 들려니 여자가 설친다."

정말 그런 걸까요? 단지 남자의 잘못을 여자에게 책임 전가하는 것은 아니고요? 실제로 모든 역사를 돌이켜보면 대부분 잘못을 저지르는 것은 남자들입니다.

하지만 더 큰 비난을 받는 것은 언제나 여자들이죠. 무능한 루이 16세보다도 사치와 향락에 빠진 마리 앙투아네트를, 폭군 연산군보다 요부 장녹수를 더 욕하는 사람들이 많습니다.

따지고 보면 여자의 유혹과 꾐에 빠진 건 남자들 아닌가요? 한 나라의 실권을 짊어진 우두머리라는 자들이 사사로운 감정으로 일을 그르치는 것 역시 그에게 리더십이라는 것 자체가 없다는 증거가 아닐까요?

빈계지신 : 암컷 빈牝 닭 계鷄 어조사 지之 새벽 신晨

암탉이 새벽을 알리다

"꼬끼오!!" 고요히 잠든 만물에게 새벽을 알리는 것은 수탉의 몫입니다. 암탉이 그 자리를 대신해 새벽을 알린다는 것은 음양의 이치가 바뀌었음으로 인해 나라가 망한다는 뜻입니다.

Story of 빈계지신

폭정으로 망한 은나라의 주왕에게는 절세미녀인 '달기'라는 애첩이 있었습니다. 주왕은 주周나라의 두왕武王에게 패해서 스스로 목숨을 끊었고, 이에 은나라도 망하고 마는데요. 무왕은 주왕과의 싸움을 앞두고 주왕의 죄상을 주나라 장병들에게 알리며 다음과 같은 말을 했습니다. "옛 사람이 말하길 '암탉이 새벽을 알리는 법은 없다. 암탉이 새벽을 알리면 집안이 망한다. 그런데도 은나라 왕은 여인의 말만 듣고 있다. 조상의 제사를 팽개치고, 죄지은 자들에게 높은 벼슬을 준 것은 물론, 백성들에게 포악한 일을 저질러 은나라를 문란하게 한 죄가 크다."

출전_서경書經

실생활에서는 이렇게 쓰인다

빈계지신牝鷄之晨이라고 아내의 바깥 활동을 못마땅해하던 그 남편이 이제는 아내 덕분에 팔자가 폈다며 업고 다닌다면서요?

 Follower를 부르는 140자

여성의 사회진출어 경종의 메시지를 던지던 '암탉이 울면 집안이 망한다'는 속담은 이제 폐기처분해야겠습니다. 남성 지도자 못지않은 리더십을 발휘하는 여성 기업인이나 정치가들이 점점 늘고 있으니까요. 우리나라에서도 조만간 여성 대통령이 탄생하지 않을까요?

어리석은 혼수
秦伯嫁女 _{진 백 가 녀}

세계 각국의 결혼 풍습을 살펴보면 지참금이나 혼수가 없는 나라들도 꽤 많습니다. 혹은 우리나라처럼 신부가 혼수를 해가는 것이 아니라 반대로 신랑 측에서 지참금이나 혼수를 장만해 가는 경우도 적지 않습니다. 말레이시아에서는 결혼식 이전에 약 1~2년 동안의 약혼기간 동안 신랑은 신부가 혼수를 준비할 수 있도록 매달 돈을 보내주는 것은 물론, 딸을 줘서 고맙다는 의미로 신부의 부모님께도 값비싼 결혼선물을 아끼지 않는다고 합니다. 이집트는 물론, 아프리카나 아랍 등의 이슬람 사회에서도 신랑 측이 지참금을 준비해서 아내를 맞아들인다고 합니다. 혼수 문제로 적지 않게 문제가 일어나는 우리나라 여성의 입장에서 보면 부럽기 그지없어 보입니다만, 남자 쪽에서 지참금이나 혼수를 지불하는 경우에도 '혼수, 지참금=매매대금'으로 인식하고 비뚤어진 소유욕으로 아내를 학대하는 여러 가지 문제들이 끊임없이 발생한다고 합니다.

진백가녀 : 나라 진秦 우두머리 백伯 시집갈 가嫁 계집 녀女
진나라 공주가 시집가다

형식만 차린 잘못된 결혼을 뜻하는 말입니다. 아무리 겉치장을 잘해도 그 속에 재주와 덕행이 없으면 아무 소용없다는 의미를 지닙니다.

Story of 진백가녀

진_秦나라 임금이 그의 딸을 진_晉나라 공자에게 시집보내게 되었습니다. 임금은 공자에게 딸을 잘 봐달라는 의미로 공주에게 70명의 아리따운 시녀들을 딸려 보냈습니다. 물론 잘 보이기 위해 공주와 시녀들 모두에게 호화로운 치장을 시켰죠. 그러나 그런 장인의 정성도 몰라보고 진_晉나라 공자는 70명의 시녀들 중 유난히 고운 미도의 시녀들을 애첩으로 삼고는 정작 자신에게 시집 온 진_秦나라 공주는 본체만체 했습니다. 사람들이 이를 보고 "딸을 시집보낸 게 아니라, 시녀들을 잘 시집보낸 셈이다"며 비웃었다 합니다.

출전_ 한비자_{韓非子}

실생활에서는 이렇게 쓰인다

애정도 없이 조건만으로 서두른 그녀의 결혼은 진백가녀_{秦伯嫁女}와 다름없었다.

 Follower를 부르는 140자

과한 혼수는 상대 집안에 대한 존중이 아니라 자격지심의 표현 아닌가요? 왜 나의 행복을 혼수로 보장받으려는지 모르겠습니다. 실상 보장되지도 않는 것인데요. 행복한 결혼을 위해 지참금, 혼수 대신 예비 부부의 인생 설계서를 양가가 교환하는 건 어떨까요?

핏줄만 중요할까요?
四海兄弟 사 해 형 제

인근 지역주민들끼리 육아정보 및 육아물품을 공유하는가 하면 이웃들끼리 품앗이로 아이들을 돌보는 풍조도 조금씩 늘고 있습니다. 아이들을 맡길 곳이 마땅치 않고, 또 외동이로 자라는 아이들이 많기 때문입니다. 공동육아를 통해 외동이들은 친구를 만들고, 형제도 갖게 됩니다. 최근에는 아예 몇몇 가족이 한 공간에서 살아가는 공동가족도 있습니다. 주거공간을 공유함과 동시에 가족관계가 형성되는 것입니다. 지금부터라도 내 아들, 내 딸만 중시하는 이기심을 조금만 버린다면 공동육아, 가족품앗이 등을 통해 아이들에게 훨씬 더 좋은 육아환경과 교육환경을 제공할 수 있을 것입니다.

사해형제 : 넉 사四 바다 해海 형 형兄 아우 제弟
사해의 형제

사해는 이 세상, 즉 온 천지를 뜻하는 말입니다. 이 사해의 형제라 함은 결국 천하의 모든 사람들이 모두 형제요 내 동포임을 의미합니다.

Story of 사해형제

공자의 제자 사마우司馬牛에게는 망나니 형 한 명이 있었습니다. 그의 형 환퇴는 송나라에서 모반을 꾀하다가 실패하여 도망치게 됩니다. 사마우가 그것을 슬퍼하며 "다른 사람들은 모두 형제가 있는데, 나만 형제를 잃고 외톨이가 되었네요."라고 한탄하자 공자의 제자인 자하子夏가 이렇게 말했습니다. "죽고 사는 것은 자신의 운명에 달려 있고, 부귀를 받고 안 받고는 하늘의 뜻에 달려 있소. 군자에게는 세상 사람들이 다 형제라 하니, 어찌 형제가 없다고 근심하겠소."

공손하고 예절바른 군자가 되면 천하의 모든 사람들이 형제와 같은 마음을 갖게 되니 너무 서글퍼 하지 말라는 위로의 말이었던 것입니다.

출전_ 논어論語

실생활에서는 이렇게 쓰인다

모두가 사해형제四海兄弟의 마음을 갖고 산다면 반목과 전쟁이 일어날 리 없다.

Follower를 부르는 140자

기업은 직원들을 모두 내 가족이라고 말합니다. 하지만 정말 사해형제와 같은 마음으로 직원들을 돌보는 기업은 흔치 않습니다. 직원을 부릴 때는 돈과 상관없이 내 회사처럼 일해주기를 바라면서 정작 임금 협상을 할 때는 마치 국경을 두고 마주한 적군을 대하듯 합니다.

하모니를 살리세요
琴瑟之樂 _{금 슬 지 락}

독주자나 지휘자가 따로 없이 모든 연주자가 동등하게 서로의 음
악적 기량을 발휘하고, 함께 화합하는 연주 형태를 실내악Chamber
Music이라고 합니다. 피아노, 바이올린, 첼로로 구성된 피아노 3중
주도 실내악의 한 형태죠. 실내악에서는 특정 악기가 독주를 하고
나머지 악기가 반주가 되는 형식이 아니라, 악기 각각이 저마다
주인공이면서 동시에 그 주인공들이 모두 어우러져 아름다운 화
음을 만들어냅니다.

결혼식에서 자주 실내악이 연주되는 건 실내에서 라이브로 아름
다운 음악을 즐기기 위해서이기도 하지만 '실내악'처럼 부부가 서
로 의견을 존중해주어 화합해서 살아가란 뜻을 담고 있다고 볼 수
있습니다.

금슬지락 : 거문고 금琴 비파 슬瑟 어조사 지之 즐거울 락樂
거문고와 비파의 어우러진 소리가 즐겁다

거문고 소리와 비파 소리가 어우러져 아름다운 화음을 자아내듯 다
정하고 화목한 부부 사이를 일컫는 말입니다.

Story of 금슬지락

「시경詩經」에 한 집안의 화합을 노래하는 시가 있습니다. 전부 8장으로 구성된 이 시의 제 7장에 있는 시에서,

妻子好合 如鼓琴瑟 (처자호합 여고금슬)
兄弟既翕 和樂且湛 (형제기흡 화락차담)

이라는 구절이 등장합니다. 풀이해 보면, '처자의 좋은 화합은 마치 거문고와 비파를 합주하는 것과 같고, 형제의 화합은 화락하고 또 즐겁도다'라는 뜻이죠.

이 시에서 부부 간의 정을 '금슬'로 표현한 이래로 '금슬' '금실'이라는 말들이 쓰이게 되었습니다.

출전_ 시경詩經

실생활에서는 이렇게 쓰인다

금슬지락琴瑟之樂의 부부 사이야말로 아파트, 주식, 현금보다 훨씬 소중하다.

Follower를 부르는 140자

이혼을 선택하는 이들이 늘어납니다.
잘난 사람들이 너무 많아서입니다.
져주기에는 내 안의 '잘난 부분'이 자존심 상합니다.
상대를 꺾자니 상대의 '잘난 부분'이 벌컥 화를 내기 일쑤입니다.
금슬지락의 묘미를 살린다면 고두가 행복할 수 있을 텐데요.

황금보다 귀한 편지
家書萬金 _{가 서 만 금}

글에는 글을 쓴 사람의 성격이나 개성이 드러납니다.

이메일이나 문자 메시지, 카카오톡, SNS의 편리성이 환상적이긴
해도 편지가 가진 '다정스러움'을 표현하지 못하는 이유도 바로 그
래서입니다.

하고 싶은 말을 다 담지 못한 아쉬움이 꾹꾹 묻어나는 사랑하는
이의 편지는 그래서 더욱 소중한 법이지요. 메시지 함을 가득 채
운 문자는 지울 수 있어도 마음을 가득 채운 편지를 버리지 못하
는 까닭도 바로 그래서일 테고요.

오늘, 사랑하는 이에게 소중한 편지를 한 통 써 보시면 어떨까요?

가서만금 : 집 가家 글 서書 일만 만萬 쇠 금金
집에서 온 글은 일만의 금이다

타향이나 타국 등 멀리 떠나 있을 때는 고향의 가족 편지가 가장 반
갑고, 그 소식의 값은 황금 만 냥보다 더 소중하다는 의미입니다.

264

Story of 가서만금

> 感時和淚濺(감시화천루) 시절을 느껴 꽃에 눈물을 뿌리고,
> 恨別鳥驚心(한별조경심) 이별을 한스러워하니 새 소리에도 놀란다.
> 烽火連三月(봉화연삼월) 봉홧불은 석 달이나 계속 피우고 있고,
> 家書抵萬金(가서저만금) 집에서 온 편지는 만금에 해당하는구나.
> 白頭搔更短(백두소경단) 대머리 긁어서 더욱 빠지고,
> 渾欲不勝簪(혼욕불승잠) 상투를 하고자 하나 비녀를 이기지 못하는
> 구나.

시성詩聖으로 불리는 당나라 두보의 시에서 유래된 글입니다. '안녹산의 난'
으로 폐허가 된 장안에서 봄을 맞이하는 심회를 표현한 시인데요, 家書抵萬
金가서저만금은 전쟁이 계속되는 상황에서 가족을 그리워하는 늙은 시인의 마
음이 고스란히 드러나 있는 구절이라 하겠습니다.

출전_ 춘망春望

실생활에서는 이렇게 쓰인다

외국에서 활약 중인 OOO 선수는 슬럼프 때 고향의 어머니가 보
내주신 한 통의 편지를 가서만금家書萬金 처럼 귀히 간직하고 있다
고 합니다.

Follower를 부르는 140자

손자에게서 문자 메시지의 사용방법을 배운 아버지께서 문자를 보내주셨
습니다. 맞춤법도 틀리고, 아주 짧은 인사말이었지만, 제게는 가서만금 부
럽지 않은 감동을 전해준 문자 메시지였습니다. 오늘 밤에는 저도 사랑한
다는 내용을 꽉 채운 문자메시지를 보내드려야겠어요.

INDEX